徐志摩

原名徐章垿，其父徐申如是当时浙江金融实业界有名的企业家。1918
年，徐志摩去美国留学前夕，徐申如给他改名"志摩"，期望儿子
"志可摩天"，成为新一代金融实业家。而徐志摩本人出国的初衷也
是要"做一个中国的汉弥尔顿（美国十八世纪政治活动家，曾任财政
部长）"。

徐志摩出国护照上的照片

1918年6月，徐志摩的老师梁启超建议他出国留学。其时正是西学东渐、国门初开之际，有志青年无不以出国留洋为求学的最佳途径。梁启超的建议得到了徐申如的采纳。两个月后，徐志摩从上海码头启程，前往美国留学。

徐志摩与第一个妻子张幼仪

徐志摩出国留学前已于1915年与小她三岁的张幼仪结婚，并于1918年春天喜得长子积锴（小名"阿欢"）。张幼仪可谓名门淑媛，两位兄长张嘉璈和张君劢均系社会名流。这桩由双方家庭撮合的婚姻一开始就有些勉强。

徐志摩从美国寄给父母亲的照片

照片上写着"敬奉我最亲爱的父母亲大人"，透着一个刚远离父母的游子对双亲的深情。在美国两年多的时间里，徐志摩先在克拉克大学历史系学习一年，之后取得哥伦比亚大学经济系硕士学位。

徐志摩的康桥

"康桥"是Cambridge的旧译,现通译为"剑桥"。1920年10月,徐志摩来到英国,先入伦敦大学,准备攻读政治经济学博士学位,但没过多久,他到剑桥大学做了一名可以随意听课的"特别生"。后来他说:"我的眼是康桥叫我睁的,我的求知欲是康桥给我拨动的,我的自我的意识,是康桥给我胚胎的。"

林徽因与父亲林长民

1920年，在民国政府任高官的林长民到欧洲游历，女儿林徽因入圣玛丽学院就读。徐志摩与林长民成了忘年交。但出乎林长民意料的是，徐志摩暗恋上了自己如花娇美而又才华出众的女儿，制造了中国新诗史上最出名而又相当奇异的一段"浪漫曲"。

送适之

志摩

诗人气十足的徐志摩

这是徐志摩送给胡适的照片。这张照片上的徐志摩风流倜傥，诗人气十足。但是，他说："我查过我的家谱，从永乐以来，我家里没有人写过一行可供传诵的诗句。"确实，成为诗人而不是一个金融实业家，徐志摩成了父亲眼里的"叛逆"。

林徽因与梁思成

命运注定了徐志摩与林徽因两人间的感情不可能往前发展。林长民和
梁启超是至交，两位老人或许早就有意在两个孩子之间拉起了"红
线"。林徽因与日后成为建筑大师的梁思成结成连理。所幸的是，林
徽因、梁思成和徐志摩成为了至死不渝的朋友。

徐志摩在清华园与泰戈尔（右四）、辜鸿铭（右二）等合影

1924年春，印度诗圣泰戈尔受蔡元培、梁启超等主持的讲学社之邀访问中国。此为当年中国文化的一大盛事。徐志摩自始至终参与其事，并担任泰戈尔的中文翻译和全程陪同。"我在中国所得到的最珍贵的礼物中，你的友谊是其中之一。"泰戈尔在给徐志摩的信中说。

徐志摩与陆小曼在上海

"我将于茫茫人海中访我唯一灵魂之伴侣；得之，我幸；不得，我命，如此而已。"这是徐志摩回答梁启超的批评时吐露的心曲。他所访到的"唯一"就是其时已为人妇的陆小曼。"徐陆之恋"堪称当年的"惊世之爱"。

徐志摩和他创办的《新月》杂志

1927年，徐志摩与胡适等人创办了新诗史上的著名杂志《新月》。刊名是徐志摩取的，他在发刊辞《新月的态度》中说："我们舍不得新月这个名字，因为它虽则不是一个怎样强有力的象征，但它那纤弱的一弯分明暗示着、怀抱着未来的圆满。"

张幼仪（左二）在巴黎与亲友合影

与徐志摩离婚后，张幼仪自强不息，除抚育儿子，侍奉公婆，还经营
发展起了自己的事业。她开办的云裳服装公司，是上海当年的时尚风
向标。殊为难得的是，她与徐志摩一直保持友好往来。徐志摩空难去
世后，也是她料理后事。

徐志摩之子积锴一家在美国

徐积锴（阿欢）是徐志摩唯一在世的儿子。从出生起，由于父亲出国
留学、父母离婚，他与父亲聚少离多。照片上这幸福的合家欢，可惜
徐志摩没能够看见。

沈从文为徐志摩遇难处所画的速写

"……天上那一点子黑的，已经近在我的头顶，形成了一架鸟形的机器，忽的机沿一侧，一球光直往下注，硼的一声炸响，——炸碎了我在飞行中的幻想，青天里平添了几堆破碎的浮云。"徐志摩在散文《想飞》中预示了自己的空难。

中学生延伸阅读·大家小传

徐志摩

冯亦同　著

中国青年出版社

（京）新登字083号

图书在版编目（CIP）数据

徐志摩/冯亦同著. 一北京：中国青年出版社，
2012.9
（中学生延伸阅读 · 大家小传）
ISBN 978-7-5153-1064-0

Ⅰ.①徐… Ⅱ.①冯… Ⅲ.①徐志摩（1996~1931）一传记
Ⅳ.①K825.6

中国版本图书馆CIP数据核字（2012）第211898号

责任编辑：彭明榜
封面绘图：沈龙朱
书籍设计：孙初＋林业

中国青年出版社 出版 发行
社址：北京东四12条21号
邮政编码：100708
网址：www.cyp.com.cn
编辑部电话：(010) 57350506
门市部电话：(010) 57350370
三河市世纪兴源印刷有限公司印刷　　新华书店经销

700mm×1000mm　1/16　10.75印张　110千字
2012年11月北京第1版　2012年11月河北第1次印刷
印数：0001——6000册
定价：19.00元

本书如有印装质量问题，请凭购书发票与质检部联系调换
联系电话：(010) 57350377

目录

CONTENTS

云游

悄悄的我走了，

正如我悄悄的来；

我挥一挥衣袖，

不带走一片云彩。

　　喜爱和熟悉中国现代诗的读者，都不会忘记诗人徐志摩的名字。以上几行空灵、洒脱的诗句，便引自他写于1928年的抒情诗《再别康桥》。这是一首脍炙人口的传世名篇。此作问世三年后，才三十四岁的徐志摩竟不幸死于空难。这幕突如其来的悲剧，发生在1931年11月19日中午时分，济南城南十五公里处党家庄的开山，当地人叫"白马山"的山头上。

　　那是一个秋高气爽的晴日，徐志摩所乘坐的"济南号"邮政班机早晨从南京起飞。机上只有三人：正驾驶王贯一、副驾驶梁璧堂和他这唯一的乘客。自这年2月徐志摩应聘为北京大学英文系教授并兼任北京女子大学教授以来，因家眷仍留在上海，大半年里他经常只身往返于南北两地。喜好乘飞机旅行的诗人，曾存一篇题为《想飞》的散文中说：

是人没有不想飞的。老是在这地面上爬着够多厌烦，不说别的。飞出这圈子，飞出这圈子！到云端里去，到云端里去！哪个心里不成天千百遍的这么想？飞上天空去浮着，看地球这弹丸在大空里滚着，从陆地看到海，从海再看回陆地。凌空去看个明白——这才是做人的趣味，做人的权威，做人的交代。这皮囊要是太重挪不动，就掷了它……

就在三个月前，他还写了一首后来被改题为《云游》的十四行诗，同样醉心地吟唱那"翩翩在空际"的"自在"与"轻盈"，而当时家庭经济的拮据，已迫使"逍遥"的诗人不得不考虑节省开支，经一位在航空公司工作的朋友帮助，他得到了一张"免费飞车券"，可以不花钱乘上该公司的航班。就在11月13日从北京飞返南方，惊喜交集的妻子陆小曼还责怪他不该坐这"要命不要钱"的飞机。几天后，乘火车去南京，小曼也叮嘱他今后不可再"冒险"。然而在南京办事、访友，整日奔波，第二天一早，行色匆匆的徐志摩还是登上了这令他的家人和朋友们都为之牵挂的北返航程。

望着机窗外阳光灿烂、纤尘不染的蓝天，诗人的心境也开朗起来。比他更有兴致的，恐怕还是正驾驶座上的王贯一技师。这位爱好文学的飞行员得知身后乘客是大名鼎鼎的诗人和大学教授，竟跟自己的副手调换位置，坐到徐志摩身边来向他讨教诗文问题。攀谈中不觉已飞抵徐州上空，徐志摩突然感到一阵难忍的头痛。恰好飞机要在徐州着陆，在机场休息的一刻钟里，向来笔勤的徐志摩还抓紧时间给家中妻子写了封信，告诉小曼自己感觉不适，不想北飞了。然而当王技师走来关切地询问："徐先生头痛好些了吗？"徐志摩已恢复过来，自我感觉不错，连声答应着又上了飞机，时间已快到中午了。

印着邮徽的"铁鸟"在鲁西平原上空穿行，星罗棋布的城镇、乡村、河流、丘岗，纷纷退向身后，莽莽苍苍的泰岳也为它打开了壮丽的画屏。迷恋云游的诗人此时在机舱内想些什么、说过什么，都已经无法查考了。后人可以断定的是，促使他急着赶路的直接动因里，有一串他情感世界中烙印最深、也最难破译的心之履痕：他同他热爱和追求过的、被人们誉为"东方第一才女"的诗人、学者林徽因之间非比寻常的"友谊"——因为林徽因定于19日当晚要在北平城里的协和小礼堂为外国使节作关于中国建筑艺术的演讲，徐志摩曾答应她届时将前来听讲。天性随和、热情，又最讲信义、喜好交游的诗人怎么会"失约"呢？他在南京出发前就给林徽因拍了电报，请她下午派车来机场接他。可以想见飞机越往北飞，他对古老都城的眷念和故人相聚的心情也愈加热切。一个多月前，他还在给陆小曼的信中说："北京真是太美了，你何必沾恋上海呢？"

然而，一场不祥的、铺天盖地的黑色厄运突然袭来，永远隔断了这位飞行客与北京友人之间的约定。从济南方向四面包抄而至的浓密雨雾，就像是死亡之神张开的无情大网，在波谲云诡的天海上翻滚、兜腾起来，要打杀一切与它相遇的生灵。正如徐志摩在他那篇散文《想飞》中描绘过的那样：

……天上那一点子黑的，已经近在我的头顶，形成了一架鸟形的机器，忽的机沿一侧，一球光直往下注，硼的一声炸响，——炸碎了我在飞行中的幻想，青天里平添了几堆破碎的浮云。

诗人的艺术想像真的成了对自己命运的"谶语"，它不幸而言中。在这一时刻——那被雨帘雾障裹住的"鸟形机器"已晕头转向，正冲着济南城郊外的一座青山撞去，伴随着"硼的一声炸响"，火光冲天，浓烟滚滚，疾风似的消失了飞机的影子，"青天里平添了几堆破碎的浮云"。

收到电报的林徽因是下午二时后派车去南苑机场接徐志摩的。说好三点钟到，等到四点半也不见人影，但有消息传来，说济南那边有大雾，肯定飞不回了。林徽因带着忐忑不安的心情挨过了一夜，20日清早才得到飞机失事、包括徐志摩在内的机上人员全部遇难的确信。这惊人噩耗的打击，使身体本来就弱、不久前还住西山疗养肺病的林徽因眼前一阵昏黑，胸口如针刺般地疼痛。她的丈夫、同是志摩友人的梁思成教授也惊愕得无言以对，当天他就同张奚若、金岳霖、沈从文等先生连夜兼程，赶赴出事地点为死者料理后事。细心的梁思成尊重和理解妻子的感情，特地从志摩遇难处捡回一块烧焦的木头，那是"济南号"邮机的一星残骸。既然它未烧成灰烬随风飘散，上面也该丝丝缕缕地羁留着诗人最后的时光吧？林徽因睹物思人，将它作为永久的纪念，用线绳穿起来，挂上自己卧室的墙壁……

新诗坛上这颗耀眼明星的殒落，给深秋的古都也带来了几分寂寥与寒意。《晨报》副刊上，大学校园里，人们惋叹这位早期新诗人的离去。从平津、济南、青岛，到南京、上海、杭州，文化学术界为之震惊、哀恸，许多地方举行了公祭。第二年春天，诗人的灵柩运至故乡——浙江海宁的硖石镇上，父老乡亲们在西山梅坛为他举行隆重的追悼仪式，据说各界人士所送的花圈、挽联之多，把一座葱茏的青山都映白了头。同年秋天，灵柩安葬于东山万石窝，墓为一方庄重肃穆的矩形石棺，墓前有书法家张宗祥所书石碑："诗人徐志摩之墓"。

诗人生前友好、亲属、同事与学生，纷纷写下不少追思和悼念的文字，《新月》杂志和《诗刊》都出了"纪念志摩"专号。撰联和撰文者中，有蔡元培、史量才、胡适、黄炎培、郁达夫、沈从文、梁实秋、林语堂、蒋百里、梅兰芳、杨振声、叶公超、周作人、何家槐、赵景深等许多名流。悼文中，最有代表性、影响也最大的一篇，是当时任北京大学教务长、同诗人交谊极厚的胡适先生写的。这位声望很高的学界巨子，满怀深挚的情感评说徐志摩的个性魅力和他出人意料的死：

　　我们初得着他的死，都不肯相信，都不信志摩这样一个可爱的人会死得这样惨酷。但在那几天的精神大震撼稍稍过去之后，我们忍不住要想，那样的死法也许只有志摩最配。我们不相信志摩会"悄悄的走了"，也不忍想志摩会一个"平凡的死"，死在天空中，大雨淋着，大雾笼罩着，大火焚烧着，那撞不倒的山头在旁边冷眼瞧着，我们时代的新诗人，就是要自己挑一种死法，也挑不出更合式、更悲壮的了。

志摩走了，我们这个世界里被他带走了不少云彩。他在我们这些朋友中，真是一片最可爱的云彩，永远是温暖的颜色，永远是美的花样，永远是可爱。他常说：

　　我不知道风

　　是在那个方向吹——

　　我们也不知道风是在哪个方向吹，可是在狂风过去之后，我们的天空变惨淡了，变寂寞了，我们才感觉我们的天上的一片最可爱的云彩被狂风卷走了，永远不回来了！①

　　时隔六十多年，重读胡博士不无伤感又惶惑的话语，仿佛是从岁月回音壁上传来的遥远声波，既反映了这位"五四"新文学大家和著名学者对他亡友的推重与赞许，也从一个特殊的侧面多少表现出了本世纪二三十年代像胡适和徐志摩那样的上层知识分子，在世事纷扰和时局动荡中的思想游移与心灵苦闷："我不知道/风是在那个方向吹"这句出于徐志摩笔下的缥缈诗句，为什么会引起这特定时空下的"我们"的强烈共鸣？徐志摩又是怎样成为了"我们的天上的一片最可爱的云彩"？他在"我们"中间是怎样焕发和保持了那"永远是温暖的颜色，永远是美的花样，永远是可爱"的诗人本色？历史的旅程、生活的波澜，究竟怎样投映他真实的形影？

　　且让我们溯回这位"云游者"的来路，沿着他留在人间三十四个春秋的生平踪迹，去寻找答案吧。

---

①引自胡适：《追悼志摩》(1931年12月3日作，原载1932年1月《新月》第4卷第1期)。

碤石的童年

　　火车沿着沪杭线，在风景秀丽、人烟稠密的杭嘉湖平原上奔驰。车过嘉兴以后，要是你留心观察的话会发现，原来按直线距离应该向西南延伸的铁路，明显地偏移到东南方向去了——原因是，为了从一个名叫"碤石"的地方经过。熟悉这段铁路开发史的人会告诉你：1909年修通的沪杭线，是由江浙两省工商界民间集资兴办的。铁路之所以向碤石"拐弯"，全靠碤石商会会长、铁路股东之一徐申如先生的坚持。这位浙江金融实业界的头面人物，思想开明，目光远大，他不仅在本乡经营旧式的徐裕丰酱园、裕通钱庄、人和绸庄，而且还创办了蚕丝厂、布厂、碤石电灯厂、双山习艺所等不少新兴事业，因此他最早认识到振兴地方经济必须首先开发交通的道理，且有说话的本钱和地位。然而当时碤石镇上的封建守旧势力，却反对铁路这个新生事物的出现，甚至纠集一伙人去闹事、砸了徐家的东西，但徐毫不退缩，顶住逆流，最后终于如愿。今天，铁路线上的碤石是海宁市政府所在地，早已发展成为一片百业兴旺、商贸活跃的繁荣市区，不能不说跟以上这段历史渊源有着某种必然联系。

　　这位远见卓识令人钦佩的民族资本家徐申如先生，便是

诗人徐志摩的父亲。

公元1897年1月15日(清光绪二十二年农历十二月十三日),徐志摩出生在硖石镇上这个首屈一指的富商家里。作为父母的独生子,他从小备受家人的宠爱,在优裕的生活环境里长大。经商出身、精明强干的徐申如,对生性活泼、天资聪颖的儿子寄予了很高的希望,一心想将他培养成金融和实业方面的人才,将来好出人头地、继承家业、光宗耀祖。"志摩"这个名字,便是徐申如给儿子取的,而其中的寓意,恐怕也只有熟悉"徐家掌故"的人才知道。

据说,那是小志摩过周岁生日的一天,正当全家人欢天喜地逗闹着穿锦饰玉的娇儿"抓周"的时候,一位法名叫"志恢"的和尚恰好从徐府门前经过。这和尚在硖石一带颇有些名气,都说他能摸骨算命、预知未来,徐家人便将他请进屋里来,为小主人讨个吉利。果然,那神清气爽的志恢和尚一见乖巧伶俐、白嫩可爱的小志摩,便眉开眼笑,从宽大的袍袖里伸出手来,在孩子头顶上仔细抚摩了一遍,口中念念有词,好像暗诵经文,然后才对徐家大人说:

"阿弥陀佛!公子是麒麟转世,福降贵宅呀,将来必成大器。"

徐申如在一旁听着,乐得合不拢嘴。他平日就是个热心公益、乐善好施之人,对志恢和尚这番恭维话自然听得特别顺耳。随着孩子一天天长大,这"抓周"喜日里的难忘一幕,不知在他脑中美滋滋地映现过多少回,印象越发深刻了。终于在1918年准备送徐志摩启程去美国留学前夕,申如公郑重其事地提出,给前程万里的儿子取个意味深长的新号，叫作"志摩"，显然是想以此记下志恢和尚摩顶祝福的名号，同时也带着他做父亲的心愿同爱子一起上路。这别致的新号"志摩"便取代了原名"章垿"，后者因不再使用也鲜有人知了。然而许多年后，出乎申如公意料并令他失望的是，这志可摩天的儿郎并没有成为他所期待的新一代金融实业家，也没有实现志摩自己的初衷"做一个中国的Hamilton"①，而是做了他父亲压根儿想不到的拜伦和雪莱的同行、屈原和李白的传人——用徐志摩自己的话来说，他的确是跟他府上的前辈们走岔了道："我查过我的家谱，从永乐以来，我家里没有人写过一行可供传诵的诗句。"

不满四周岁，小志摩就被望子成龙的父母送进了家塾。塾师孙荫轩是本县庆云镇上的秀才。像所有秀才先生一样，他对这乳臭未干的新弟子所施的启蒙教育，仍离不开"之乎者也"深奥难懂的古文，就连最基本的识方块字和联词、造句，也要从"文星高照"、"状元及第"那类莫名其妙的话题开始。没上几天课，闷坐在书房冷板凳上的那颗小小童心，就憋不住劲地要往窗外的蓝天白云间飞了：

"先生，鸟儿为什么会在天上飞？"

"先生，星星挂在天上，为什么不会掉下来呢？"

"先生，白云的云字怎么写呀？"

一连串充满好奇心的问题，从志摩的小嘴里蹦出来。先生不耐烦了，"啪"的一声，他手中的戒尺在桌角上"讲话"了。再年幼、再调皮的学生也晓得这家伙的厉害，小志

---

①汉弥尔顿，美国十八世纪的政治活动家，曾任财政部长。

摩不吭声了。可是下课后，先生一转身，他竟神不觉鬼不知地拿走了戒尺，悄悄将它扔进了后院的水井里。幸好秀才先生还算温和，当他查明肇事者竟是最年幼的小志摩时，倒也没有怎样惩戒他，只是罚他当堂背诵《新三字经》。谁知这册由徐申如刚从上海买回来的新教材，在所学课本中是唯一能吸引小志摩的，虽然那里面的内容也有不少似懂非懂，但词语简单，节奏明快，念起来琅琅上口，倒也不觉得有多难。于是他站到课桌面前，有腔有调地背起来：

"今天下，五大洲，亚细亚，欧罗巴……"

先生听着那稚嫩的童音在清脆地流淌，再看看他乖觉讨喜的样子，心里的火气已去了一大半。当然先生也知道徐家的这个独苗苗，不但是申如公的掌上明珠，更是两位当家女主人——志摩祖母和母亲的心肝宝贝，平时吃饭怕他噎着，走路怕他跌着，怎能在这个"万金少爷"的头上打板子呢！

没有多久，家塾里换了塾师，请来本县袁花镇上的查桐轸先生。他是位贡生，古文修养相当深厚，人有些古板，教规也比前一位塾师严格得多。小志摩从此真像是穿上了牛鼻子的初生之犊，被这位抽大烟抽得牙齿黢黑、十指蜡黄的老夫子硬往书房里拉，再也逃脱不了读古书、做古文的"苦役"，——直到十一岁，整整五六年时间，他都是在查先生的管束下度过的。这位旧时代的塾师，还有个不讲卫生的怪癖——从不洗澡，平日连脸面都难得抹一把。他的"脏"出了名，许多年后，徐志摩的英国老师、著名哲学家罗素，在回忆其门徒时，也亲切又不无惊讶地提到"徐先生是一个有很高文化修养的中国籍大学肄业生，也是一位能用中英两国文字写作的诗人。教他中国古典文学的老师，是一个出生起就没有洗过澡的人。当这位老先生逝世后，徐先生因为是当地的地主，别人问他是否要为死者洁身，徐先生答道，'不要，就这样葬他好了。'"

少年徐志摩就在这样的旧式教育里打下了"国学"基础，刻板、枯燥的家塾生活，自然也给他活泼好动的天性带来许多压抑，在单调的书房里呆得越久，他对书房外面的世界越是强烈地向往。硖石古镇青山如黛，绿水长流，有不少好玩的去处。小志摩最爱同小伙伴们去镇东关厢外的黄泥山上，登那里的七层宝塔。特别是夕阳西斜，钟声响动，"一枝艳艳的大红花贴在西山的鬓边回照着塔山上的云彩"，那美丽的景象令成年后的徐志摩回味不已。他在那篇著名的散文《想飞》中生动地描绘了这傍晚时刻"绕着塔顶尖，摩着塔顶天，穿着塔顶云"的苍鹰翱翔：

……有一只两只，有时三只四只有时五只六只蜷着爪往地面瞧的"饿老鹰"，撑开了它们灰苍苍的大翅膀没挂恋似的在盘旋，在半空中浮着，在晚风中泅着，仿佛是按着塔院钟的波荡来练习圆舞似的。那是我做孩子时的"大鹏"。

在小志摩眼里，查老先生教的《庄子·逍遥游》中的"其翼若垂天之云……背负青天，而莫之夭阏者"，不就是这东山塔顶上健飞的"秃顶圆睛的英雄"吗？有时候，人在书房里听到远处天空里传来的"呼忧忧"的叫响，心驰神往的他"背上的小翅膀骨上就仿佛豁出了一铤铤铁刷似的羽毛，只一摆就冲出了书房门，钻入了玳瑁镶边的白云里玩儿云，谁耐烦站在先生书桌前晃着身子背早上上的多难背的书！啊飞！"——当然这是他那颗不愿受束缚的"童心"在自己的想象中飞：

不是那在树枝上矮矮的跳着的麻雀儿的飞；不是那凑天黑从堂屋后冲出来赶蚊子吃的蝙蝠的飞；也不是软尾巴软嗓子做窠在堂檐上的燕子的飞。要飞就得满天飞，风拦不住云挡不住的飞，一翅膀就跳过一座山头，影子下来遮得阴二十亩稻田的飞，到晚飞倦了就来绕着那塔顶尖顺着风向打圆圈做梦……

就从《想飞》记录的这些童年思絮里，我们已能看到未来诗人那无羁的雄心和浪漫情怀的破苗出土。徐志摩的另一篇散文《雨后虹》，还记叙了他早年家塾生活中"最爱夏天的打阵"（即"打雷"）的趣事。一场铺天盖地的雷阵雨，在夏日午后的闷热难耐中轰然而至，它不仅给原本死寂的课堂气氛带来了意想不到的活跃、混乱和紧张，处处可闻"品林嘭朗"的声响，还中断了那位查老夫子令贪玩孩子头疼的教学，因为先生本人也放下书本去窗前门边愁看天色了。"仿佛猪八戒听得师父被女儿国招了亲，急着要散伙的心理"——小志摩乐不可支地巴望"电光永闪着，雨永倒着，水永没上阶沿，漫入室内，因此我们的读书写字也永远止歇！"可见那绵延了数千年的"死读书、读死书"的传统读书方式已到了非改不可的时候，连雷阵暴雨也宣泄出孩子心中的"人怒人怨"。

　　在同一篇文章中，徐志摩还说："我生平最纯粹可贵的教育是得之于自然界，田野，森林，山谷，湖，草地，是我的课堂；云彩的变幻，晚霞的绚烂，星月的隐现，田野的麦浪是我的功课；瀑吼，松涛，鸟语，雷声是我的老师，我的官觉是他们忠谨的学生，受教的弟子。"这更清楚地表明，一个诗人的成长，他那些悦耳动听如天籁、融入了自然色彩之和谐的优美诗篇，是跟他师法造化，全身心地拥抱我们赖以生存的大千世界分不开的。

　　在徐志摩童年成长的过程中，除了他父亲的关切和严师的督导外，祖母和母亲这两位贤淑、辛劳的女性长辈，对小志摩善良和挚爱心性的形成施以了重要影响。从徐志摩留下的家书和《给母亲》等诗文中，可以看到徐家的母子之爱至深；诗人还有一篇题为《我的祖母之死》的万字长文，细腻深切地表现了祖母亡故在他心中产生的巨大悲痛。身为家中独子，他周围的生活环境是封闭、狭小的，不识字的祖母很会讲故事，从她嘴里说出的那些惩恶扬善，或歌颂古代英雄人物，或反映乡风民俗和世代心愿的传说故事，就像家乡土地上的汩汩清泉一样滋润着孙儿的心。徐家还有位老雇工也是位讲故事的能手，小志摩经常缠住他，听他讲《说岳全传》，简直入了迷。老人还是个种花行家，教小志摩辨识花名、花性，长了许多书本上学不到的知识。

　　1907年，十一岁的徐志摩进了硖石镇上新办的开智学堂。在这座"洋学堂"里，设有国文、数学、英文、修身、体育等课程，学生开始接触近代科学，接受新式教育。小志摩聪慧的资质、博闻强记的能力和良好的国学根基，在这个学习新阶段里，进一步显现出来。国文课上，他的一篇作文《论哥舒翰潼关之败》以犀利、明晰的语言和有力的史实，对安史之乱中关系到唐帝国命运的潼关一役失败的有关"责任"问题，进行辨正与剖析，得到了国文老师张仲梧的激赏。张先生常把这位高材生的习作当作范文在课堂上阅读，更激发了徐志摩学习国文和写作的兴趣。他如饥似渴地搜寻着当时已开始涌入硖石镇的新书、新报刊，成为镇上刚开办的"又日新书报社"里光顾最多的常客。每次老师布置作文，文思敏捷的他总是第一个交卷。小小年纪就赢得了"神童"的美誉。

两度寒暑之后，徐志摩以第一名的优异成绩在开智学堂毕业。虽说早已废了科举，申如公仍像儿子当上秀才似的高兴。就在这时，志摩被发现患有先天性近视，父亲连忙给他配了一副当时还很少见的眼镜。新眼镜配好送到志摩手里，天已昏黑，他正和朋友一起出门，便将这新鲜的玩意儿架上鼻梁。谁知当他第一次戴着眼镜抬头仰望旷野的星空时，这位十三岁的硖石后生竟惊喜地喊叫起来：

"啊！天上这么多星星，好明亮的星星呀！"

"我看见了！我能看见啦……今天才恢复我眼睛的权利！"

"府中"骄子

　　1910年初春，红梅绽苞、柳芽吐绿的西子湖边，迎来了两个说说笑笑、学生模样的外乡少年。他们是杭州府中学堂刚入学的新生——徐志摩同他的表兄沈叔薇，也是他的好友和同班同学。

　　当时的"府中"，是声望很高的浙江名校。师资力量雄厚，教学设施齐备，这里也汇聚着来自全省各地的优秀学子。与徐志摩和沈叔薇同班的，就有后来也成为新文学大家的郁达夫。郁达夫所写的《志摩在回忆里》一文，生动宝贵地记录了辛亥革命前后的这一段学校生活，使我们得以窥见中学时代徐志摩活跃、早慧、惹人注目的可爱形影。

　　与志摩同庚的郁达夫是这样回忆的：

　　当时的我，是初出茅庐的一个十四岁的乡下少年，突然闯入了省府的中心，周围万事看起来都觉得新异怕人。所以在宿舍里，在课堂上，我只是诚惶诚恐，战战兢兢，同蜗牛似地蜷伏着，连头都不敢伸出壳来。但是同我的这一种畏缩态度正相反的，在同一级同一宿舍里，却有两位奇人在跳跃活动。

　　一个是身体生得很小，而脸面却是很长，头也生得特别大

的小孩子。我当时自己虽然也还是一个小孩子，然而看见了他，心里却老是在想，"这顽皮小孩，样子真生得奇怪"，仿佛我自己已经是个大人似的。还有一个日夜和他在一块，最爱做种种淘气的把戏，为同学中间的爱戴集中点的，是一个身材长得相当的高大，面上也已经满示着成年的男子的表情，由我那时候的心里猜来，仿佛是年纪总该在三十岁以上的大人——其实呢，他也不过和我们上下年纪而已。

他们俩，无论在课堂上或在宿舍里，总在交头接耳的密谈着，高笑着，跳来跳去，和这个那个闹闹，结果却终于会出其不意地做出一件很轻快很可笑很奇特的事情来吸收大家的注意的。

而尤其使我惊异的，是那个头大尾巴小、戴着金边近视眼镜的顽皮小孩，平时那样的不用功，那样的爱看小说——他平时拿在手里的总是一卷印着石印细字的小本子——而考起来或作起文来却总是分数得的最多的一个。

郁达夫笔下这个最爱嬉闹、平时不用功、成绩却好得出奇的"头大尾巴小、戴着金边近视眼镜的顽皮小孩"，便是当时杭州"府中"出了名的优等生徐志摩。那个和他一块淘气又形影不离的"成年男子"，便是比他只大两岁的表兄沈叔薇。叔薇与志摩从小同学，感情一直很好，可惜他于1924年在一场暴病中早夭，志摩亦曾为他写过沉痛的悼文。

大概是徐志摩从小就生活在优裕的家庭环境中，始终在家人呵护、师长夸赞下顺利成长的缘故吧，他活泼好动、纵情放任的天性得到了较多的发展，加上聪颖过人、成绩优异，更增添了他的自信；换了省城和"府中"这样相对来说比家乡更加开明和自由的新环境，真是如鱼得水、良种播进了沃土，越发蓬勃地生长起来。当时"府中"有规定，凡终考总分第一者荣任年级长，而志摩正是这样一个冠军纪录的保持者。中学五年，他便做了五年的"学生头"。

进"府中"的第二年秋天，辛亥革命爆发，杭州光复后因局势动荡，"府中"停办了一段时间，志摩休学在家。后来府中改名为"杭州第一中学"复课了，他又进该校读书。

随着年事增长，进入青春期的徐志摩更加关注外面的世界，由革命风潮挟带而来的新思想、新风尚，也像钱塘江口的海潮一样，猛烈地冲击着他年轻的心灵。在他的阅读视野里，出现了许多新名字和新事物：孙中山、章太炎、民报、革命党……无一不使他感到新鲜、振奋，体味着时代更替所带来的种种变化；而始终吸引着他注意，令他钦佩和神往的，却还是维新时代的代表人物梁启超。这位前代大学者的文风犀利，笔端常带感情，有许多推动过中国近代思想史进程的著述，此时仍在深刻影响着未来的诗人和新文学家徐志摩。他不仅膺服梁任公改良派的政治观点，对梁在《论小说与群治之关系》一文中提出的"今日改良群治，必自小说革命始，欲新民，必自新小说始"的主张也十分赞同，并学以致用。1913年7月，徐志摩的第一篇文艺论文《论小说与社会的关系》发表于杭州一中校刊《友声》第一期，可以说是他对于梁启超十年前问世的那篇名文的"理解性阐述"，他从各类小说题材的研究、分析中，得出"科学、社会、警世、航海、滑稽等诸小说，概有裨益于社会"的重要结论。难得

的是，这位爱说爱闹、手里总拿着石印本小说的富家子弟，并非无所事事地爱看闲书，而是抱有一颗济世扶民之心。他竭力倡言文学的社会功能，虽说后来他的文学观念与此拉开了差距，他也未能在小说创作上有更多建树。

爱好文艺、擅长写作的徐志摩，不仅国文、英文学得好，在数学、物理、化学、地理等科目中也表现突出，甚至对天文学都有浓厚的兴趣。他在校刊《友声》上还发表过一篇《镭锭与地球之历史》的论文，向同学们介绍当时国外科学家才发现不久的新知识。他甚至还收集材料，准备写一本关于天文的书。许多年后，女作家林徽因在回忆徐志摩时也谈到"他早年很爱数学，始终极喜欢天文，他对天上星宿的名字和部位就认得很多，最喜暑夜观星，好几次他坐火车都是带着关于宇宙的科学的书"。还说他"曾经疯过爱因斯坦的相对论"，并为专门介绍它到中国来撰写了长文，后来当了徐志摩老师的梁启超先生就是看了发表在1921年《改造》杂志上的这篇"徐君大作"才算弄懂了过去一直"未曾看懂"的"爱因斯坦的哲学"。志摩本人也常为自己曾向梁大师"反哺"过深奥的相对论原理而自得。这一切恐怕都是同他在中学时代就打下了自然科学的知识基础分不开的。

担任年级长的徐志摩为人热情、随和、广交游，富有爱心与正义感。府中高年级同学中有位李生，毕业后回乡当上高小校长，因地方恶势力的嫉恨和挑唆，竟惨遭坏人杀害。此事在志摩心中引起极大的震撼，他为悼念李生之死，满怀同情与悲愤写了副挽联，登在校刊上：

　　　李长吉赴玉召楼，立功立德，有志未成，年少遽醒蝴蝶梦；

　　　屈灵均魂报砥室，某水某邱，欲归不得，夜深怕听杜鹃啼。

　　后来，他还将李生的故事写成了小说《老李的惨史》，进一步探讨和揭露那游荡乡野、血刃生灵的怨毒与仇杀之风。

　　1915年夏天，十八岁的徐家少爷，以骄人的成绩从杭州一中毕业了。志摩父亲申如公和全家上下，兴高采烈地迎接着从省城归来的学子。志摩人长高长大了，高高的前额亮堂堂的，金丝眼镜后面闪烁着一双热情、睿智的大眼睛，颀长的身材脱了早先的稚气，分明焕发出青春的光彩。母亲和祖母都怜爱地拉着他的手，问这问那，生怕他们的宝贝孩子再远走高飞。家里的姐妹和子侄们也争着同他说笑、打闹，听他聊天文地理和外面的花花世界。只有申如公将儿子的一切变化都看在眼里，心里却在盘算着这位家业继承人今后的出路。

成亲与拜师

就在徐志摩中学毕业的那年秋天，当他考取北京大学预科刚刚入学的时候，家里却出乎意料地为他安排了"终身大事"。他从遥远的京城匆匆赶回，同宝山张家的千金小姐张幼仪举行婚礼。

新嫁娘出身世代书香之家，可谓名门淑媛。她的两位兄长张嘉璈和张君劢均系社会名流，在学界、政界和金融界都很有影响：一个后来做中国银行总裁，另一个当上了民社党主席。徐申如之所以能攀附上这门难得的贵亲，自有一番缘故——要从当时还在做督理浙江军务朱瑞元秘书的张嘉璈，奉命视察徐志摩就读的杭州一中说起。

那是前不久的事。这位省府视察要员在查看一中学生的作文考卷时，无意中发现一份优秀考卷，文笔意气纵横、议论风生，颇有梁任公的神韵；再看那卷面上的字也写得劲秀喜人，分明有钻研过北碑张猛龙的底子，不禁令这位爱才的文官大为赞赏："到底是名校出英才，后生可畏呀！"自此，张嘉璈记住了这个叫"徐志摩"的高材生。当他得知此生原来是硖石商会会长徐申如之子时，便在心中将他同自己待字闺中的小妹联系起来，并主动托人去徐家上门求亲了。

申如公自然满意这样的亲事。他创下的蒸蒸日上的家业和儿子日后的发展，都需要强有力的联姻、不断扩大的社会关系来奠定基础、作为靠山；更何况这未来儿媳妇的品貌也无可挑剔，受过新式教育、比志摩小三岁的张幼仪端庄稳重，正好同任性不羁的儿子相匹配，做他的贤内助。而在徐志摩眼中，这桩由双方家庭撮合的婚姻总有些勉强，但由于父亲的坚持和祖母、母亲的从旁相劝，他还是答应了下来。

1915年10月29日是大喜的日子。这一天，硖石镇上也增添了几分热闹，张灯结彩的商会大厅里欢声笑语，贵宾如云。四方街邻以羡慕和奇异的眼光，注视着当时还少见的徐申如家的新式文明婚礼：不拜天地，不穿红着绿，身披洁白婚纱的新娘和西装革履的新郎，肩并肩地站到了一起；为他们证婚的是曾任浙江都督、中国交通总长的萧山汤寿潜先生——他是清末改良派人物，有"浙江梁启超"之称。如此隆重、热烈又排场的婚礼，着实使申如公又风光了一回，也让乡亲们开了眼界。不过也有守旧者议论纷纷的，尤其是多年以后，这个以"新式婚礼"开始的婚姻出了问题，他们就更有话可说了。

徐志摩没有在新婚燕尔的喜悦里沉浸多久，就从北大预科转入上海浸信会学院读书。这是所教会学校，开设有中外历史、中英文学、数学、物理、化学等选修课程和必修课《圣经》。像中学时代一样，天分高又爱学习的徐志摩门门功课都在九十分以上。但他并不满意上海的学习环境，认为十里洋场不是读书之地，1916年秋，他转入天津北洋大学，念法科的预科。又过了一年，北洋大学法科并入北京大学，徐志摩也随之进入他早已向往的北大。在北大法学院，他以旁听生的资格进修政治学，并加修日文和法文。

在北京的一年，正值北洋军阀混战、帝制与共和势力反复斗争的多事之秋。徐志摩寄寓在同乡前辈蒋百里家中。蒋是近代著名的军事理论家，曾任保定军校校长，此时在段祺瑞政府里挂一个公府顾问的空头衔。他是徐志摩姑父蒋谨旃的族弟，也是同梁启超谊兼师友的梁氏门生，对住在他家中的徐志摩很热情，也很欣赏这个年少俊彦的同乡晚辈。徐志摩十分敬爱蒋百里，亲切地叫他"福叔"，对他富于传奇性的革命生涯以及他同夫人左梅在共患难中建立起来的忠贞爱情，都非常神往。他们亲如一家，无所不谈，成了忘年知己。由于福叔经常在志摩面前称赞他的师友梁任公的道德文章，使早就为梁启超学识和文采所倾倒的青年学子产生了师从这位一代宗师的念头。

徐志摩的这个心愿，也同他当时学习政治学、对政治兴趣日浓有关。他读了梁启超的名作《新民说》《德育鉴》之后，佩服得"合十稽首，喜惧愧感，一时交集"，觉得自己过去所写的东西都应该"烧了"。而清末改良派的梁启超，此时已是进步党研究系的首领、段祺瑞执政府的内阁成员，在政界仍有非同等闲的地位和声望。志摩的父亲申如公也积极支持儿子与这位国学大师、社会名流建立"师徒"关系，他深知此举不仅有助于儿子的远大前程，对徐家实业的稳固发达也同样有利，因此毫不犹豫地拿出一千大洋，作为儿子拜师的贽礼。

1918年6月，在北京读书的徐志摩经蒋百里引荐、妻兄张君劢的介绍，正式拜梁启超为师，成了这位曾经在中国近代史上叱咤风云的领袖人物和大学者的新弟子。

也是在这一年春天，远在家乡硖石的张幼仪生下了一个男孩，取名积锴，乳名阿欢。徐志摩做爸爸了，虽然远在京华，又尚未自立，生性洒脱的他还是多了一份牵挂。

名满天下的梁任公收下徐志摩这个年轻徒弟，自是因为推荐者的有力，当然一千大洋也不是个小数。第一次见面，志摩恭谨的态度、敏捷的应对和眉宇间流露出来的聪颖之气，都给先生留下了很好的印象。不过，满腹经纶、老于世故的梁启超丝毫也没有当面表现出对新弟子的赏识，而是在一番照例的问答和训诫之后，提出了他的建议。

梁先生建议志摩应先出国留学，闯荡几年，一来好看看外面的世界，长长见识，磨炼磨炼心性，二来更为了学点真才实学，好回来立足社会，报效国家。当时正是西学东渐，国门初开之际，有志青年无不以出国留洋为求学之最佳途径，因此先生的话自然听得入耳，它已深深地激荡起眼前这个年轻人原本就"好高骛远"、云游天下的万缕心绪……

暑假里回到家乡，首先向父亲转告梁任公的建议，想不到师父之言也正中申如公的意。"志恢、志摩"这四字偈语似的两个名号，此刻跳出徐府当家人的脑海，蛰伏多年的心愿和一种强烈的直觉告诉他：是打出手中这个寄托着他全部希望的理想"王牌"的时候了！二十年前志恢和尚摩顶祝福的"抓周故事"又闪电似的掠过他的记忆：

"公子是麒麟转世，福降贵宅呀，将来必成大器！"这个遥远的声音仿佛也在申如公的耳旁"提醒"——拜梁启超为师，跨出国门留学，不都是在往这条"必成大器"的道上走吗？这位望子成龙的慈父的心里，不仅做出了采纳梁先生建议的决定，而且还萌生了准备给儿子取"志摩"这个意蕴深邃的新名字的念头。

当时出国留学有官费和自费两种。官费生要通过政府组织的选拔考试，自费生无此限制，但经济开支很大，特别是远涉重洋去美国，只有富裕人家才负担得起。徐志摩几年来易地求学、结婚生子连轴转，考"官费"怕准备不足，显然要作后一种选择。好在申如公既有实力又有眼光和魄力，他像送唐玄奘赴天竺国取经似的，为儿子的远行忙乎起来。

1918年8月14日，徐志摩和送行的父亲在上海码头挥泪告别。不用说前一天离家的时候，年迈的祖母、病中的母亲和年轻的妻子有多难过了，就连襁褓中的儿子也有感应似的哇哇大哭。此刻，当南京号客轮的汽笛长鸣三声后，志摩只觉得眼镜片上早已模糊，父亲在人群中招手的身影也消失在迷蒙的雾色里……

然而，毕竟是志可摩天的热血男儿，毕竟是风云人物梁启超的入室弟子，就在这乘长风、破万里浪的远洋巨轮上，徐志摩如当年陈子昂登幽州台一般，茫然四顾，心潮澎湃，奋笔疾书，写下了一篇记录他抱着怎样热切的爱国心肠，为中华图强、民族复兴去异邦求学的抒怀述志之文，题为《民国七年八月十四日启行赴美分致亲友文》。文章一开头，就联系当时内忧外患的社会现实：

……国难方兴，忧心如捣，室如悬磬，野无青草，嗟尔青年，雏国之宝，慎尔所习，以瞻我脑。诚哉，是摩之所以引惕而自励也……今弃祖国五万里，远父母之养，入异俗之域，舍安乐而耽劳苦，固未尝不痛心而泣，而辛不得已者，将以忍小剧而克大绪也。耻德业之不立，遑恤斯须之辛苦；悼邦国之殄瘁，敢恋晨昏之小节？……①

接着，他回顾并总结了戊戌以来"渡海求学者"的历史教训，许多留学生出国前"未尝不握拳呼天，油然发其爱国之忱"，竟学而归后，或蔽于利，或绌于用，有的甚至走投无路。究其原因，他认为是"内无所碥持，外无所信约"的结果。由此，"慨然以天下为己任"的青年徐志摩决心以中外英杰为榜样，勤自夙兴，庄敬笃励，"志足以自固，识足以自察，恒足以自立"，并愿"有严师友督饬之"，"致其忠诚，以践今日之言"。此文是写好后又刊印，分寄给家人、师长和众多亲友的，因而在当时志摩的生活圈子里产生过不小的影响，也是他砥砺和约束自己的实际行动之开始。就二十世纪的中国留学生历史和对外文化交往史而言，它还为我们留下了一份难得的富有个性色彩的宝贵文献。

这篇用文言文写的、洋溢着青春朝气的"留学生宣言"，出现在"五四"运动爆发的前一年。虽说它斑斓的文辞里不无夸饰的成分，激情的冲动中也可能挟带着漫溢的"浮沤"，但二十一岁的徐志摩所抒发的仍然是他那一辈中国青年肩负炎黄使命的报国心声。为欧风美雨和北国雷阵所

———————————

①引自徐志摩《日记拾零》(写于1918年夏)。

激荡的新时代大潮，正每时每刻震撼着这个身在太平洋舟中通过"国际日期分界线"的东方之子的心灵——或者应该说，他比沉睡在神州夜幕下的许多国人，有可能更早更强烈地感受到这席卷全球的潮涌和喷薄人间的光明律动；而随着地理上同故土距离的拉大，他在心理上同眷恋的祖国、家人和师友，却更加贴近了……

在南京号客轮二十多天的寂寞旅程中，他结识了不少一同赴美的中国留学生，这些来自各省各地的有志青年，先睹为快地拜读了徐君的大作，不仅引起思想感情的共鸣，还热烈地交换着彼此的意见。他们自然也记住了这篇《启行赴美分致亲友文》的作者署在文末的大名"徐志摩"，但他们也许还不知道，这是一个刚刚才启用的新名字，这位硖石富家子的原名"徐章垿"已经留给身后越来越远的家园了。

未来的新诗人徐志摩，就是这样面目一新、壮怀激烈地走出了古老的国门。

负笈大洋彼岸

美国东部的马萨诸塞州。克拉克大学附近的学生公寓。

清晨天刚亮，中国留学生的宿舍里就有了动静。徐志摩和同住的李济、张道宏、董任坚、汪心渠四位学友，自开学初期便订下人人必须遵守的作息制度：六时起身，七时举行"朝会"，晚唱国歌，十时半归寝；每天除各自所学课程外，还规定了运动、散步和阅报的时间。

最有意思的，恐怕是他们的"朝会"了。那时第一次世界大战即将结束，全世界的注意力都集中在欧洲战场上。1918年11月18日凌晨三时，停战的消息从电波里传来，大洋彼岸的美国，民气大振，举国上下为之欢呼雀跃。徐志摩在当天日记里，记下了自己新鲜又激动的观感：

> ……长队游行亘二里不绝。方是时也，天地为之开朗，风云为之霁色，以与此诚洁挚勇之爱国精神，相腾嬉而和慰。嗟呼！霸业永拙，民主无疆，战士之血流不诬矣！

美国民众热爱和平、团结自强的精神，极大地震动和感染着中国留学生。他们的"朝会"也正是为了"激耻发心"，一日之计在于晨，国家兴亡匹夫有责，议论天下大势，联系国事和自己，使每天的求学生活更充实更坚定地朝着理想的目标走，已成为这些风华正茂的学子的自觉行动。

那么，徐志摩的理想目标是什么呢？在他父亲申如公的心愿里，当然是希望他向金融实业界的方向发展，学点西方资本主义的"看家本领"好回来接他的班；而自从中学毕业后，志摩就表现出对法律、政治和历史学的兴趣，在克拉克大学他就读的是历史系，选修了《现代欧洲史》《十九世纪欧洲社会政治学》《一七八九年后的国家主义、军国主义外交及国际主义》《商业管理》《劳工问题》《社会学》《心理学》和法文、西班牙文等课程，虽说与父亲所想有不同的侧重，基本方向还是一致的。但随着徐志摩在美国学习的时间越长，同美国的政治经济、社会现实接触越多，特别是"五四"运动在国内的浩大声势和世界革命潮流的冲荡，他的思想意识和内心追求也发生了微妙而又深刻的变化。

这首先表现在政治倾向方面。对美国民主制度曾十分迷恋、向来关心政治的徐志摩，由于苏俄革命成功及其巨大影响，也由于求学生活的刺激，开始转向同情社会主义。他非常爱读《新青年》等国内进步刊物，也读马克思、罗斯金和克鲁泡特金等人的著作，并注意研究劳工问题。他从一部描写芝加哥童工惨状的小说中，读到主人公手臂被碾入机器，同猪肉一起绞成了肉糜，因此联想到"这周内至少有几万人尝到了那小孩的臂膀"，心中升腾的已不仅仅是纯粹的同情。他还参加留学生中有关中国革命问题的讨论，这位"改良派"大师的弟子，此时的观点却相当激进，在同学中竟一度得到个叫"鲍雪微克"①的雅号。

其次是立身行事方面的。自小生活在溺爱、舒适中的徐志摩，不仅饱尝了太平洋上大风大浪的颠簸之苦，更在远离家国孤身一人的环境里经受着自立、自强的锻炼。他曾在一次谈话中回忆留美时在乔治湖畔一户人家做杂役的往事：主人要他每天推着餐车在厨房和餐厅之间来回穿梭，还要洗涮餐车上一二百碗碟刀叉之类的餐具。生性乐观的他常常嘴里哼着歌，推着车儿在轨道上走，迎着习习凉风，还感到一种"异样的兴趣"，与"懒骨支离"的旧我已不可同日而语。不幸有一回车翻了，碗碟打碎一地。他非常惶恐，俯身捡拾中，竟两手都被划得鲜血淋漓，十分狼狈地回到寓所。正值垂头丧气之时，收到了老师梁启超的来信。志摩如见亲人，激动地读着此时人在意大利的梁任公信上所言之旅行印象，心中却不禁想起任公所著《意大利建国三杰传》一书中的内容来，手上的伤痛和刚才的不快全都烟消云散了……

在徐志摩早年的思想历程中，梁氏这部记载玛志尼、加里波的、加富儿三位资产阶级革命家为实现意大利独立统一而英勇斗争的人物传记，产生过重要的影响。他曾在日记里写下这样的感受：

读梁先生之意大利三杰传，而志摩血气之勇始见，三杰之行状固极快之致，而先生之文章亦天矫若神龙之盘空，力可拔山，气可盖世，淋漓沉痛，固不独志摩为之低昂慷慨，举凡天

---

①通译"布尔什维克"，列宁所领导的俄国共产党中的多数派(左派)。引自《志摩札记》(作于1918年冬)。

下的血性之人，无不腾攘激发，有不能自己者矣！

　　出于对老师的崇敬和认同，更出于那个时代爱国青年的志气和抱负，留学生涯中的徐志摩在认真刻苦地实践着自己的誓约，为理想的明天而奋发努力。

　　成长期的多变正是年轻人的特点。除了以上所述的变化，在学问追求和人生信仰的建立上，这一阶段的徐志摩犹如置身在八面来风里的风向标，或是在海涛、洋流里探测的水文仪，敏锐地捕捉和感应着新旧时代的更替蜕变中所进行的传统与现代思潮的矛盾、斗争和交汇激荡……几乎西方的每一种哲学思想、主义和信仰，都在他求知的目光下聚焦和留影，被他纷纭的思绪所萦绕和吸附：从社会主义到无政府主义，从集体主义到个人主义，从卢梭、伏尔泰、汉弥尔顿，到叔本华、尼采、罗素……许多年后，一位朋友为志摩所总结的"感情之浮"和"思想之杂"，也许正是在此时的大洋彼岸经受了这样最早一波的"腾攘激发"、整合与掺和的结果吧？

　　而其中最重要的变故，还是徐志摩将他对尼采超人哲学的信奉，转移到对英国哲学家、剑桥大学教授罗素的景仰上。伯兰特·罗素(1872～1970)是对二十世纪西方哲学、数学、逻辑学和教育学等多学科都作出过重大贡献的著名学者，在政治态度上，他倾向于社会主义，反对侵略战争，主张和平主义。他的学术声望和敢于坚持真理、蔑视世俗偏见的叛逆性格，赢得了远在美国的中国留学生的尊崇。徐志摩此时已研读过罗素的许多作品，如《战争中的公理问题》、

《社会的改造原则》、《往自由之路》、《政治理想》、《我们对外界的认识》，在他的眼中，罗素就是"二十世纪的伏尔泰"，一位真正了不起的思想界、知识界权威和巨人。正是这种由衷钦佩所产生的心向往之，促成了不久以后他留学履历中的最重大转折，直接和深刻地影响了诗人那短促而又不平静的一生。

勤学苦读、才智超群的徐志摩在克拉克大学历史系只读了一年（他是从三年级起读的），于1919年6月以优秀成绩毕业，获一等荣誉奖。同年9月，入哥伦比亚大学经济系修硕士学位，一年后，他的学位论文《论中国妇女的地位》答辩通过。就在他可以继续深造，攻读哥伦比亚大学经济系博士学位，为实现申如公希望儿子跻身金融实业界的梦想摘取桂冠之际，遥远的英伦三岛上那个伟大智者的身影强烈地吸引着他，占据了他的整个视野。从这位智者的口中和笔下不断传出的智慧之声，深深地拨动了年轻硕士的心弦：他要到英国去，他要去追随那位灵魂的舵手，向他讨教关于人生和关于这世界的真谛，接受他塑造"活力、勇气、敏感、智慧"的自由教育——这位梁启超弟子的心里，已在不住地呼唤着剑桥新老师的名字。

支持儿子赴美留学的徐申如，刚为志摩获哥伦比亚大学经济系硕士的学衔而高兴，没想到儿子通往"博士"的半道上冒出了个叫"罗素"的老头，竟能以他的"哲学、逻辑学"劳什子将徐家接班人"掳"到远不可及的英伦三岛上去。没有比这更可气的事情了！写信阻拦而未能奏效的申如公气得不知说什么好，志摩的祖母和母亲也为这心高气傲的

莽撞儿郎担忧，但望着徐申如的难看脸色也只好从旁劝慰着。过门五年整、跟志摩相处恐怕还不到五个月的儿媳张幼仪，此时已是徐家的一根顶梁柱，不仅勤于家政，对外也精明干练，已成为徐申如理财的得力助手。这一刻，她只能含着眼泪将三岁儿子抱在怀中，陷入对夫君的绵长思念，而怀中的欢儿却仰起小脸问："妈妈，妈妈！爸爸为什么还不回来呢？"

门外的邮差却送来了"爸爸"从美国拍来的电报。志摩在电报中告诉家人：他已东渡大西洋，平安抵达英伦，请家人放心。电报上的出发日期是1920年9月20日。

乌云仍锁在徐申如的眉尖上，他捧读电报的手抖颤着，也似他又恼又喜的心情。

初会康桥

　　"康桥"是英文Cambridge的旧译，今通译为"剑桥"。它是英国东南部的一座小城，距伦敦北八十公里。小城之所以出名，全仗一所历史悠久、举世闻名的高等学府——剑桥大学。创办于1209年的这所英国老校，数百年间走出了牛顿、达尔文、乔叟、弥尔顿、拜伦、华兹华斯、萨克雷、阿诺尔德、纽门等许多名垂青史的科学家、文艺家、社会活动家。名师出高徒，在剑桥教书和工作的自然也鲜有等闲之辈，伯兰特·罗素便是当时那里最负盛名的三一学院的大学者。

　　但出乎徐志摩意料，当他于1920年10月初匆匆赶到伦敦万里求师时，罗素先生已不在英伦三岛，他到中国讲学去了。接着志摩又得知，罗素因为在"一战"中的积极反战态度，已被剑桥大学三一学院除名，不能再授课教学了。失望和无奈中，徐志摩只好进了伦敦大学政治经济学院，攻读政治经济学博士学位，导师拉斯基也是一位颇有名望的教授。不过此时的志摩已不再是留美初期的那个志摩了，新的志趣爱好、新的人际关系和生活氛围，使他的心境与情调都发生了很大变化，向往着另一种求学方式。他没有在伦敦大学呆多久，就由刚结识的剑桥学者狄更生介绍，被剑桥大学皇家学院接受，做了一名可以随意听课的"特别生"。

这时已是1921年春天，实现了剑桥读书夙愿的徐志摩，满面春风地走在沙士顿通往剑桥皇家学院郊外的路上。沙士顿是离剑桥不远的一个小村落，田园篱舍，幽静闲雅，富有自然情趣，徐志摩夫妇选择这里安下了他们的新家——张幼仪是1920年冬天在志摩抵英不久后，赶到伦敦的。阔别了两年多的这对年轻夫妇欢聚在异国天涯，新家庭的生活理应是难得而温馨的。为了让妻子万里迢迢来英"伴读"，志摩在家书中可没有少说向父母恳求的话，幼仪在家也没有少做婆母和太婆的工作，申如公才在众人劝说下，忍住对不听话的儿子的气愤，送走了这个懂事又能干的媳妇，心里却在巴望着小两口团圆之后，好让"浪子"回头走到正道上来。

但同样出乎申如公的意愿，要他离家的"浪子"回头已不是那么容易的了。用徐志摩本人的话说，"我的眼是康桥教我睁的，我的求知欲是康桥给我拨动的，我的自我的意识，是康桥给我胚胎的"。他还这样具体"对比"过他在美、英两国所受的教育、所度过的同样是两年的留学生活：

　　我在美国忙的是上课，听讲，写考卷，啃橡皮糖，看电影，赌咒。在康桥我忙的是散步，划船，骑自转车，抽烟，闲谈，吃五点钟茶牛油烤饼，看闲书。如其我到美国的时候是一个不含糊的草包，我离开自由神的时候也还是那原封没有动。但如其我在美国时候不曾通窍，我在康桥的日子至少自己明白了原先只是一肚子颟顸。这分别不能算小。

　　而此刻，自觉已"通窍"的徐志摩，正沉涵于康桥郊原上的迷人风景里。康桥因"康河"而得名，它被未来诗人赞为"全世界最秀丽的一条水"，它那曲折逶迤风光无限脱尽了"尘埃气"的柔波，流经上游的"拜伦潭"——为大诗人拜伦(1788～1824)旧游之地的这处名胜，"有一个老村子叫格兰骞斯德，有一个果子园，你可以躺在累累的桃李树下吃茶，花果会掉入你的茶杯，小雀子会到你的桌上来啄食，那真是别有一番天地"，自然也成了让徐志摩流连忘返、赞叹不已的乐园。而当悠然的神思伴随着清清康河水越过上下河分界的水坝后，加快了脚步的流水声在越出越密的星光下轻吟，与远近村落的晚钟声、河畔倦牛的刍草声一起，开始了万籁俱鸣的混声合唱——徐志摩说这令人心动的聆听，是他"康桥经验中最神秘的一种：大自然的优美，宁静，调谐在这星光与波光的默契中，不期然的淹入了你的灵性"……

　　康桥的景物之美还在于它那不同凡响、堪称"康河精华"的中游两岸的学院建筑："森林似的尖阁不可浼的永远指着天空"的，是"与克莱亚的秀丽紧邻着的皇家教堂的宏伟"；隔着一大方浅草坪沉思的"校友居"，犹如博学的髯翁，满墙满壁飘拂着上了年纪的长藤、绿蔓。一到春夏间竟也在同风中绽开了朵朵艳色的蔷薇媲美，仿佛在显示"它的妩媚也是不可掩的"……而最能"魔术般"吸引徐志摩注意力、令他永志不忘的，是轻挽在康河腰身上的三环洞桥——

　　虽说它只是怯怜怜的一座三环洞的，小桥，它那桥上栉比

的小穿阑与阑节顶上双双的白石球，也只是村姑子头上不夸张
的香草与野花一类的装饰；但你凝神的看着，更凝神的看着，
你再反省你的心境，看你还有一丝屑的俗念沾滞不？只要你审
美的本能不曾泯灭时，这是你的机会实现纯粹美感的神奇！^①

　　自幼年起就对大自然的美感和神奇抱有一种强烈向往的
未来诗人，正是在这样天生丽质又古老纯朴的天地里，找到
了精神的寄托、心灵的慰藉。这位剑桥大学的特别生，便将
自己的每日功课同悠然自得的"散步，划船"联系起来。他
"一晚又一晚的"在这三环洞的小桥上倚看西天落日，直到
"倚暖了石阑的青苔，青苔凉透了我的心坎"，寸寸黄金的
夕阳连同那"蜜甜的闲暇"在每一个最艳丽的黄昏里，飨他
"一服灵魂的补剂"。他也爱在眼前的康河上漫无目的地行
船，无论是普通的双桨划子、轻快的薄皮舟，还是叫他手忙
脚乱东颠西撞十分狼狈的长形撑篙船，都曾给他以别处所没
有的"在静定的河上描写梦意与春光"的快乐和回味……

　　远离故国，飘泊过大半个地球，沐浴着欧风美雨的徐志
摩，就这样在大自然所赠予的生命喜悦里，悄悄地萌动着春
天的诗情。正像他笔下所描写过的："呵，那是新来的画眉
在那边调不尽的青枝上试它的新声！呵，那是第一朵小雪球
花挣出了半冻的地面！"——"五四"新诗史上，一位杰出
新诗人的第一首新诗《草上的露珠儿》也迎着康桥的灼灼星
晖、康河的粼粼波光诞生了：

──────────

①引自徐志摩的《吸烟与文化》和《我所知道的康桥》(均作于1926年)。

草上的露珠儿

颗颗是透明的水晶球，

新归来的燕儿

在归巢里呢喃不休

诗人哟！可不是春至人间

还不开放你

创造的喷泉

诗人哟！可不是趁航时候

还不准备你

歌吟的渔舟！

诗人哟！

你是时代精神的先觉者哟！

你是思想艺术的集成者哟！

你是人天之际的创造者哟！

你是高高在上的云雀天鹅，

纵横四海不问今古春秋，

散布着希世的音乐绵绣；

你是精神穷困的慈善翁，

你展览真善美的万丈虹，

你居住在真生命的最高峰！

　　徐志摩写于1921年秋天的这篇处女诗作，在他生前并没有发表过，但我们能从中清晰地看到"五四"时期那辈中国青年知识分子所普遍经历过的思想觉醒和内心骚动，当然也带着他个人色彩的鲜明印记。同留美时期那个曾同情过社会

主义的"鲍雪微克"已经有所不同，钻研过历史与哲学的徐志摩虽仍看重对"时代精神的先觉"，并乐于施"慈善"给"精神穷困"的世人，但徜徉在温馨忘忧中的诗人似乎无意直面现实人生：他幻想着"高高在上"的超然物外，幻想着"不问今古春秋"的四海纵横，一心做他"散布希世的音乐绵绣"的美梦。与同一个时期的其他新诗人相比，这眼溅落在康桥芳草地上的"创造的喷泉"显然不具备郭沫若"狂飚突进"、"火山爆发"式的豪迈；在这叶悠然"歌吟的渔舟"上，也缺少闻一多的凝练与严谨。不过尽管如此，《草上的露珠儿》仍不失为二十年代新诗草创期中具有文学史意义的作品，恰如其诗题所示，它已经"露珠"般地闪烁着一个青年诗人注定要给泱泱诗国增彩添辉的"真生命"，并将日后在轻盈、洒脱和隽永中"展览真善美的万丈虹"，风靡了诗坛许多年的"徐志摩风格"映照出了一点端倪，留下了它最初的履痕——那支独特又富有才情的浪漫诗笔，就像此刻紧握在他手中撑船的长篙一样，虽然还相当生疏、远不熟稔，却一往情深地试探着、追溯着，一篙接一篙、一程又一程地，开拓出那沟通"天文地文人文"的创造之境……

就在创作这首清新、执著的白话诗前不久，徐志摩终于见到了他仰慕已久的哲学家罗素，那是1921年10月下旬的一天傍晚。

年届半百、特立独行为世人所瞩目的伯兰特·罗素，是在他的伦敦寓所会见这位来自东方的年轻崇拜者的。因为到过中国，罗素兴致勃勃地同徐志摩谈论起有关中国社会、中华文化的种种问题来，徐志摩不无惊讶地发现这位憎恶西方的"机械文明"、同情俄国革命、鼓吹和平主义的"离经叛道者"，言辞也像他的文笔一样激烈、犀利，充满了智趣和火药味。同他谈话，徐志摩会联想到纽约的"五十八层高楼"，而"罗素的思想言论，仿佛是夏天海上的黄昏，紫云里不时有金蛇似的电火在冷酷地料峭地猛闪……电火尽闪着，霹雳却始终不到，高楼依旧在云层中矗立着，纯金的电光，只是照出他的傲慢，增加他的辉煌"！①

而这位不屈不挠的思想斗士，对备受列强欺凌的古老中国却抱有尊敬和友好的感情。他对徐志摩说："我宁愿到中国去做一个穷苦的农夫，吃粗米，穿布衣，而不愿在欧美的文明社会里，做卖灵魂、吃人肉的事业。"

徐志摩则回答他：您研究数理、探讨人类的命运，大胆批评眼前这个乱糟糟的世界，这可不是"卖灵魂、吃人肉"啊。

从此，这个罗素著作的热心读者和拥护者，便成了大师家中常常登门拜访的座上客了。他不仅一天天接受罗素思想的熏陶和潜移默化，还撰文向国内的读者和知识界介绍罗素的许多论说与观点。例如，人道主义者罗素关于人生如何从蒙尘中"回复光明"、世界怎样才能在灾难中求得"救度"，徐志摩是这样转述的：

他以为只要有四个基本条件之存在，人生便是光明的。

第一是生命的乐趣——天然的幸福。

第二是友谊的情感。

---

① 引自徐志摩的《罗素又来说话了》(作于1923年)。

第三是爱美与欣赏艺术的能力。

第四是爱纯粹的学问与知识。

这四个条件只要能推及平民——他相信是可以普遍的——天下就会太平，人类就有颜色。①

从伦敦到剑桥的求学生活里，渴望新知、喜好交游的徐志摩结识了不少中外友人。这中间有：同是中国留学生的陈西滢和章士钊，曾任民国临时参议院和众议院议长、北洋政府司法总长的林长民和他的女儿林徽因；英国著名作家威尔斯，艺术评论家和画家傅来义，汉学家魏雷和卞因，作家嘉本特，文艺批评家、语言学家欧格敦和瑞恰慈等。同这些多是社会名流、学者、专家的密切交往，大大开阔了本是"乡下人"的徐志摩的眼界与胸襟。不知有多少次，在烟雾缭绕的沙龙聚会和高谈阔论的讲演会上，在来去自由的大学课堂、图书馆阅览室里，这个"特别生"所接受到的"康桥洗礼"，犹如投身于"英国文化生活的娘胎"中，脱胎换骨似的经历了一番人生的再造。正如他自己所认为的：以一种"康桥式"的聪明和超然，代替了为美国教育也未能化解掉的昨日之我的"一肚子颟顸"。

也是在这一过程中，变化也悄悄地走进了沙士顿宁静村落里的这个中国留学生的新家，在久别重逢的徐志摩夫妇之间，出现了一场出人意料的风波。

①引自徐志摩的《罗素又来说话了》(作于1923年)。

笑解烦恼结

　　张幼仪迢迢万里来到英国，同徐志摩团聚。远别胜新婚，沙士顿的小家庭里自然充满了生趣，热情的主人也常在这里招待中国同学和来访的宾客。有时志摩也带幼仪去一些社交场合走动，出入伦敦的"上流社会"，但这种时候很少。同志摩外向洒脱的诗人脾性相反，幼仪内敛寡言，但也绝非裹足不前的旧式女子。她精明、细致而倔强，当久别重逢的亲热在两人之间渐渐淡漠以后，自嫁进徐家门起就感觉到的丈夫身上那股掩盖不住的"冷意"，又深深刺痛了她。

　　对昨天的徐志摩来说，与张幼仪结婚只是双方家庭的撮合，是他不得不接受的"父母之命"；本来就缺乏相互了解、感情基础不牢固的夫妻之间的距离，又因为志摩长期浪迹天涯、养成了"野马"似的心性而进一步扩大了。从小生活在溺爱中、衣食无忧的富家子，并不珍惜他容易到手的东西，而留英以来剑桥生活对他的"改造"、周围人际关系的微妙变动、直至新的性道德观念在他年轻心胸的萌生，将徐志摩身上那根"爱的缰绳"越牵越远，完全背离了他父亲申如公所期望的"浪子回头"的方向，而是朝着新的目标奔去——在他那"康桥教我睁开眼"的早春视野里，隐约又迷人地出现了后来影响他终生的"美丽的希望"!

连初到英国的张幼仪也敏感地发现,志摩身边的杂沓人群中,有一个时刻会吸引他并牵动他含情目光的窈窕倩影——她,就是正当豆蔻年华的圣玛丽学院的新生、中国姑娘林徽因。

林家大小姐徽因,祖籍福建,1904年生于杭州,1920年随其在民国政府中担任高官的父亲林长民一起赴欧洲游历。同年秋天,徐志摩到伦敦,十六岁的林徽因已在那里读书。因林长民同梁启超有深交,恰巧任公此时也在伦敦,经老师介绍,弟子徐志摩得以结识林家父女。有意思的是,相貌清奇、开明通达的林长民很快同徐志摩成了忘年交,他们不仅在一起谈诗论文、探讨书法艺术、议论天下大势,还在一起聊些儿女情长的事。

然而,出乎林长民的意料之外,徐志摩却暗恋上了自己的长女林徽因。

人生花季中的徽因,不仅有如花的娇美,更有出众的才华。她发蒙早,兼受中英文教育,在伦敦时因房东太太是一位女建筑师,对她影响至深,故已萌动学建筑之意;由建筑而艺术,她亦喜好绘画、音乐、诗文、戏剧,而且样样拿得起来。恰恰这些也是"康桥特别生"之所爱,两人邂逅在远离故国的英伦,并肩偕游雾都名胜,促膝谈心在剑桥古道,二十五岁的志摩心中再也抹不去这位大家闺秀和摩登才女的美好影像。

中国新诗史上最出名、也是相当奇异的一段"浪漫曲",由此演绎在1922年初春的康河上。浪漫曲中的男主人公徐志摩，徘徊在那康河水也似他感情激流飞溅、冲撞的坝基岸边，他必须为自己未来的生活做出抉择，因而陷入了揪心的烦恼：

> 这烦恼结，是谁家扭得水尖儿难透？
> 这千缕万缕烦恼结是谁家忍心机织？
> 这结里多少泪痕血迹，应化沉碧！
> 忠孝节义——咳，忠孝节义谢你维系四千年史髅不绝，
> 却不过把人道灵魂磨成粉屑，
> 黄海不潮，昆仑叹息，
> 四万万生灵，心死神灭，中原鬼泣！
> 咳，忠孝节义！
> 东方晓，到底明复出，
> 如今这盘糊涂账，
> 如何清结？

多少夸大了自己婚姻的不幸，徐志摩决心解开这"烦恼结"。张幼仪已于1921年秋天赴德国留学，这位徐家媳妇忍受不了若即若离的婚姻生活，她也感觉到了丈夫的见异思迁，要走自强不息的路。徽因小姐呢，出乎志摩的意料，不知为什么，也于1921年10月间同她的父亲林长民一起回国了。

作为浪漫曲中"女主人公"的林徽因，才十六七岁，有时还扎着小辫子。她尚未洞开的感情世界里，会真正闯入青年徐志摩的修长身影吗？即使在当事人生前的漫长岁月里，也没有被清楚、彻底地披露过。跟"有妇之夫"徐志摩不

同，徽因小姐不仅是林长民的掌上明珠，而且也深受梁启超喜爱，两位阅世老人可能早就有意在他们的一双儿女之间拉起"红线"——梁任公的长子梁思成，便是日后誉满中华建筑界的那位大师级人物，他比林徽因大三岁，此时正在国内读书。因此，当林家父亲发现志摩竟变成了一匹要掳走女儿芳心的"黑马"时，那惊诧和忧虑是可想而知的。据说，他携女回国，离开伦敦时，连招呼都没有跟志摩这位忘年知己打一下，更不用说写信了。

命运注定了徐、林两人间的感情不可能往前发展。对徽因来说，志摩的风流倜傥和诗人柔情，只能是隔岸观望的风景，特别是幼仪来到英国以后，这位硖石少妇的贤惠、大方和成熟美，令她不能不考虑：徐诗人对自己的倾慕是真心的吗？也许她曾像传闻所说对志摩与幼仪的离异起过某种催化作用，也许涉世尚浅、纯真无邪的她根本没想到这些。她的路还长，未来仍是一个变数，她将用自己的方式来丈量今后的岁月，宣泄难料的情感。

然而，对林家父女动向失察的诗人，仍向着自己理想的河岸走。在内心的矛盾冲突中，他曾向他思想上的领路人罗素请教。现存徐志摩书信中，有一封1922年2月3日致罗素夫妇的短简，他在信中急切地说：

当你们这个星期到此地度周末的时候，未悉能否赏脸在下址跟我共进午餐或饮下午茶。我衷心盼望你们不会感到为难。我一直要跟你们重聚，我心中的忧急之情是难以形容的。我实在很相信你们……我要跟你们面对面深谈，即使时间不多也得如此。所以，虽然狄更生先生是一位良伴，这次不请他也没有问题。这或许是要占有你们的一点自私表现，但我相信你们会用微笑来原谅我的。

关于这次"周末聚会"，主宾双方都没有留下其他文字记录。但我们能从随后发生的徐、张婚变中推测"忧急"中的徐志摩为何要跟罗素夫妇"单独"会晤，以及他们所要"深谈"的内容。因为没过多久徐志摩就赶到柏林与张幼仪商量离婚问题了，他不会不向他所信赖的人生导师征求意见；还因为罗素不仅是曾经惊世骇俗的新的两性关系与婚姻道德观的热情宣扬者，他本人毕生追求"真爱"的身体力行，也为他的学生树立了榜样。徐志摩第一次拜访罗素的时候，正值这位离婚不久招人非议的大学者再度过完蜜月归来，后来听说罗素的新婚夫人生产，当新生儿满月时，徐志摩还专门组织中国同学准备了红蛋和寿面，庆贺他们家的"弄璋之喜"。

而当徐志摩到达春寒料峭的柏林时，有孕在身的妻子也即将临盆。2月24日，他们的第二个儿子德生(彼得)呱呱落地。但小生命的来到人间，并没有弥合起这对已结婚六年的夫妇感情，因为徐志摩已经下了决心。他在给妻子的信中说："真生命必自奋斗自求得来，真幸福必自奋斗自求得来，真恋爱必自奋斗自求得来！……彼此有改良社会之心，彼此有造福人类之心，其先作榜样，勇决智断，彼此尊重人格，自由离婚，止绝苦痛。始兆幸福，皆在此矣。"深知丈夫难以回头的张幼仪，怀抱着婴儿，平静地接受了眼前的事实。就在这早春三月的柏林,由他们的朋友吴经熊和金岳霖作证,这对尚未能真正独立的留学生夫妇签署了一项离婚协议。同年11月在《新浙江》的副刊《新朋友》的《离婚号》上,还刊登了显然是出自诗人手笔的《徐志摩张幼仪离婚通告》。

这场异国婚变的消息传到国内,首先在硖石老家掀起了轩然大波。指望"浪子回头"的徐申如怒不可遏,他根本听不进去儿子关于"没有自由没有爱情的婚姻才是不道德的"、"浪漫之爱应该成为婚姻的动机"之类的辩解,他也许知道这些鬼迷了心窍的"异端邪说"正是儿子从他崇拜的大哲学家那里舶来的经典。做父亲的阻止不了志摩的一意孤行,只能厉色声言:幼仪永远是徐家的贤媳,谁也休不走她!要收她做义女,让她操持家业,和儿子、孙儿共同享有继承权。

远在北京的梁启超也致函徐志摩,对他所信奉的"浪漫之爱"的不切实际和可"惧"可"畏",提出委婉却又是尖锐的批评。然而这一切,已不能改变志摩的态度了。虽说他将自己的婚姻比之为"忠孝节义"的牺牲品,如今要"转夜为日,转地狱为天堂",不免带有诗人的夸张语气,但也说明他确实经历了一番灵魂的搏斗,也受到那个时代风尚的影响,他在我们上文引用的那首诗作《笑解烦恼结》的后半段,接着写道:

> 莫焦急,万事在人为,只消耐心
> 其解烦恼结
> 虽严密,是结,总有丝缕可觅,

莫怨手指儿酸、眼珠儿倦，

可不是抬头已见，快努力！

来，如今放开容颜喜笑，握手相劳

此去清风白日，自由道风景好

听身后一片声欢，争道解散了结儿，

消除了烦恼！

　　这首写于1922年3月的纾解烦忧，预言"光明"的诗，是送给幼仪的。它同样真实地记录着徐志摩式的天真与热忱：他们的婚约是解除了，朋友关系的"清风白日"却从此缔造，直至志摩1931年遽然辞世，徐、张两人一直保持着通信和来往，有时还相当密切。这也从一个真实的侧面，反映了他们当初所作出的合乎新人伦、新道德的选择，的确是他俩在人格尊重和内心自由上达成了"共识"。当然这一切都同张幼仪这位非凡女子的大度雍容与自尊自强有关，徐家的长辈和亲友们也比较开明，虽然勉强，但最终还是接受了徐志摩的"乖张"和眼前的既成事实。

为寻天边那颗星

我骑着一匹拐腿的瞎马，

向着黑夜里加鞭；——

向着黑夜里加鞭，

我跨着一匹拐腿的瞎马！

我冲入这绵绵的昏夜，

为要寻一个明星；——

为要寻一个明星，

我冲入这黑茫茫的荒野。

　　这是徐志摩的名作《为要寻一个明星》的前八行。我们引用它来提纲挈领地形容诗人自1922年8月离开剑桥大学以后的生活与心境，也许是适合的。经过了两年"特别生"的学习，皇家学院将他转为正式研究生，并给予他"持智守礼，放眼世界"的良好评语。按理他可以继续深造下去，取得更高的学衔、更大的成绩，但他却于这年夏天取道德国、法国，踏上了归程。

　　为什么来得匆匆的他去得也匆匆呢？徐志摩是带着感情的创伤和无限的眷恋告别康桥的。两年来接触的一切，已经使他把这里认作了自己精神的故乡、灵魂的家园。这里的蓝天白云，映现过他追求理想的彩虹；这里的芳草碧波，更洒落过他诗的花瓣、爱的梦幻。然而没有想到当旧的"烦恼结"刚刚被解开，新的愁云却又这么快就降临到他的头上：那朵令他倾心移情、"压倒群芳的红玫瑰"到哪里去了？并没有"昨夜的雷雨"向他发出"玉碎香销"的信号呀，怎么就"在晨光中吐艳"的时刻隐没了芳踪呢？在他的潜意识里，早已把"徽徽"这个林家大小姐的昵称，同"丽质最娇贵"的爱情之花联系在一起了——徘徊在人去楼空的康桥，他写下《情死》一诗，诗中那个做了"你（玫瑰）的俘虏"的"青年"，为"把你擒捉在手内"，不惜用"两手模糊的鲜血"来换取"一片狼籍的猩红"……不就是他自己吗？①

不过，徐志摩追求"浪漫之爱"的热情，并没有随林家父女的不告离别而消减，反而因为刚刚获得的"身心自由"而更加执著和高涨起来。促成他回国的原因很多，去追寻他命运天宇上那颗爱的启明星，恐怕是非常重要的一个。

日本远洋货轮三丸号从马赛港启航，包括徐志摩在内，船上只有六名乘客。长达两个月的寂寞旅程中，他写了不少诗文。诗人沐浴着地中海的阳光，做起了与金字塔下"埃及魂"对话的幽梦；穿行在印度洋璀璨的星夜里，游子的心中却漾满了缱绻故国明月的"秋思"……他想起四年前太平洋舟中奋笔疾书向亲友倾吐心声的一幕，那样的壮怀激烈似已难再萦回今日之愁肠了，但志摩毕竟不是"断肠人在天涯"

———————————

①徐志摩《情死》一诗写于1922年6月。

的古代迁客，而是一个自认为取得了现代"真经"的康桥学子；"五四"以后焕发了青春的"少年中国"正在遥远的地平线上呼唤着他，同样给他以实践理想、实现雄心的希冀。

在与同船旅客的交谈中，志摩得知这艘慢吞吞的三丸号，竟是一条包藏着祸心的"贩毒船"！底层货舱里夹带了大批鸦片烟，肇事者便是与志摩同舱的那对道貌岸然的英国老牧师夫妇。从"日不落帝国"偷运的鸦片，直到今天还逍遥法外，躲在自己的眼皮下，就要去毒害千千万万的同胞、榨取中国人民的血汗。义愤填膺的徐志摩，未动声色却悄悄地做好了准备。待船停靠新加坡港的时候，他借口上岸游玩，去探访一位在当地经商的同乡沈松泉，将事先起草的一份检举电报交给了他，请他代发香港海关。沈松泉果不负所托，当三丸号抵达香港，全部毒品被截获，贩毒走私者也落了网。当时港、沪等地的报纸，都刊登了这则缉毒缉私案的新闻，但徐志摩与罪犯智斗的爱国行动却并未张扬，也一直鲜为人知。

10月15日船到上海港，申如公到码头上来迎接远归的儿子。志摩老远望见显然已苍老的父亲，眼中禁不住涌起一阵酸涩。祖母和母亲在三泰客栈里等候他，唏嘘相拥中也不知有多少话要说。但志摩同家人只团聚了很短的时日，就接受北京清华学校的邀请，去为那里的文学社讲演。诗人又回到了他拜师和求学时代居住的北国都城，在黑压压挤满了人的清华高等科的小礼堂里，为未来的出国留学生们做了一次题名为《艺术与人生》的英文演讲。

这是1922年秋天京郊清华园内的"盛事"。留美、留英刚刚归来的洋硕士，又是梁任公高足的诗人徐志摩，早已为清华师生所引颈期盼。只见他文质彬彬，风神飘逸，白净的脸上配着黑框眼镜，走向高高的讲台，展开手中的打字讲稿，以一口流利的"牛津英语"宣读起来。鸦雀无声的礼堂里，无数道年轻的目光，纷纷向他投去钦佩与羡慕；但随着他那洋腔洋调滔滔不绝的流淌，连"心译"也来不及的听众们，带着新鲜与好奇的那份专注，很快就被反弹、消解在茫然和失望的五里雾中了。讲演者也许觉察到了台下情绪的变化，也许还沉浸在自我陶醉中，语调愈益夸饰，句式也更加繁琐冗长，就像一个好炫耀的维多利亚时代的学究，贸然闯进了现代中国的课堂。即使在清华这样的留洋预备学校，这种"下车伊始"不切实际的高谈阔论，也仍然难遇知音。用当时还在清华读书、后来也成了徐志摩朋友的梁实秋的话说："这是一次失败的演讲。"

从内容上看，徐志摩这次关于人生和艺术的讲演，是他在留学生涯中特别是近两年来在剑桥所接受的西方社会思潮与文艺理念的一次"总结性"汇报。他认定眼前的中国社会"是一潭死水……一个由体质上的弱者、理智上的残废、道德上的懦夫以及精神上的乞丐组成的堂皇国家"，并得出"因为我们没有生活，所以我们没有艺术"的尖锐结论。继而，他用介绍但丁、莎士比亚、歌德、雪莱、米开郎琪罗、达芬奇、瓦格内、贝多芬这些西方大师们的杰出成就，来指责东方文化艺术传统的贫乏和在今天的失败，从而又提出积极的主张：要丰富、扩大、加强、激化我们的生活，赋予它精神上的意义，恢复我们的审美直觉和创造活力，才会有真正的艺术、健全的人生和社会。应该说，这种以理想与现实相抗争的反叛姿态、激烈言辞，出现在二十年代初的学术论坛上，还是相当大胆的，虽然它还比较空泛且带有明显的"舶来"色彩。所幸诗人的"英文传道"并没有多少人能够真正听懂，因而也没有惹出什么麻烦。

倒是后来，因为发表文章，他接二连三地碰了几次钉子。

一次是同郭沫若。那时，郭沫若也刚从日本留学回国，与创造社同人在上海从事文学活动。徐志摩在英国时就非常欣赏郭沫若的新诗，曾称赞说"及见沫若诗，始惊华族潜灵，斐然竟露"。但1923年四五月间发表在《努力周报》上的《杂记》一文中，徐诗人却以郭诗人前年写的《重过旧居》中"泪浪滔滔"的诗句作例证，责难新诗创作中"形容失实便是一种作伪"的笔病，并将它归类为"空有其表的形似诗"嘲弄了一番。这种近乎吹毛求疵的批评，遭到了创造社同人成仿吾、洪为法等人的反击，他们指责徐志摩"一方面虚与我们周旋，暗里却向我们放冷箭"，还发表了来往书信作"物证"，弄得徐诗人十分惶惑。后来他在《晨报副刊》上写了一封致成仿吾的公开信，题为《天下本无事》，竭力声辩自己是对诗不对人："恭维郭沫若的人，并不防止我批评他的诗"；"我说'泪浪滔滔'这类句法不是可以做榜样的，并不妨害我承认沫若在新文学里最有建树的一个人"。当他路过上海时，还特地拉上胡适等人去郭沫若家拜访，这场纷争总算止息。

同鲁迅之间的"疙瘩"却并不如此简单。1924年《语丝》上刊登徐志摩翻译法国诗人波特莱尔的诗，附有译者题记，说"我深信宇宙的底质，人生的底质，一切有形的事物与无形的思想的底质——只是音乐，绝妙的音乐。……你听不着就该怨你的耳轮太笨，或是皮粗，别怨我"。当时是语丝社台柱的鲁迅，读了徐志摩这段显然是阐发西方象征派美学的妙论，颇不以为然。他本来就不喜欢徐志摩的诗，也不满意他的"到处投稿，《语丝》一出版，他就来了"[1]。为了扫徐诗人多少带有唯心与神秘色彩的兴，挡一挡他笔下那匹"野马"的驾，鲁迅随即在《语丝》上写了篇辛辣的讽刺文字《"音乐"？》，故意以"聆听"徐志摩所夸说的"天籁地籁人籁"的口吻，挖苦道：

　　咦，玲珑零星邦滂砰珉的小雀儿呵，你总依然是不管什么地方都飞到，而且照例来唧唧啾啾地叫，轻飘飘地跳么？

　　杂文大家手中的"金不换"果然厉害，自鲁文登出后，徐志摩再没有给《语丝》写过东西。但他心中却始终想解开"周家大先生"跟他过不去的疑团，甚至曾通过与他关系不错的鲁迅二弟周作人向其兄打招呼。也许正是这个缘故，鲁迅先生在1925年编他的杂文集《热风》时，这篇《"音乐"？》才没有收进去；直到1934年编《集外集》时才编入集子，那时徐志摩已化鹤三秋。鲁迅提起这件十年前的文墨官司，也说是"跟他开个玩笑"。

　　不愿卷入文学社团纷争、一心想"超然"的徐志摩，在他

[1]鲁迅《集外集·序言》。

判明大是大非的现实问题上，态度还是十分坚决的。1923年初在北京大学生掀起的针对北洋军阀政府的学潮中，身为北大校长的蔡元培为罗文干遭非法逮捕向当局呈请辞职，1月23日又发表声明对北洋军阀政府不合作，北京学联即向北洋政府众议院请愿，要求惩办罗案制造者——教育总长彭允彝和众议院长吴景濂。仅隔几天，28日的《努力周报》上，徐志摩就以《就使打破头，也还要保持我灵魂的自由》为题发表文章，鼓动"有知识有胆量能感觉的男女同志"支持蔡元培的主张，大声疾呼"应该积极同情这番拿人格头颅去撞开地狱门的精神"！字里行间，充满了一位理想主义者的热情和勇气。

回国初期的诗人没有虚度时日，经他的老师梁启超的推荐，他在北京西单牌楼石虎胡同七号的松坡图书馆外文部谋了个差事，工作之余也常常写诗、撰文，外出讲演、参加各种聚会。就在学潮平息后的3月间，他同一帮交往密切的师长、朋友在西交民巷西头的松树胡同七号，成立了一个同人俱乐部，起了很雅的名字叫"新月社"，参加者有梁启超、林长民、张君劢诸元老，更有新结识的胡适、王赓、丁文江等人。活动内容除了两周一次的聚餐外，还自编自演小戏，举行新年年会、元宵灯会、古琴会、书画会、读书会，所需经费全由志摩父亲徐申如和另一位银行家黄子美垫付。

无论是创作、社会活动，还是朋友间的情谊，都不能填补志摩心灵深处的那份空缺。回国后，失去联系的林家父女又同他来往了，他们仍住在北京。志摩成了林府上最受孩子们欢迎的客人，每次离去前徽因的几个年幼的弟弟，不是抱他的腿、抢他的礼帽，就是藏皮包、关大门，徽因也站在一旁略咯地笑。她同志摩还是像从前一样谈得来，只是笼罩在两人感情上的那层神秘帷幕好像越来越虚无缥渺了，因为徽因同梁任公家大公子"订婚"已有传闻。思成在清华读书，徽因和他也参加新月社的活动。虽然这一切都尚未完全明朗化，但已足以使依然苦恋着"徽徽"的诗人陷入咫尺天涯的困境——也许，本节开头引用的那首诗《为要寻一个明星》，其后半段八行诗句更能反映诗人此时此刻的心情：

> 累坏了，累坏了我胯下的牲口，
> 那明星还不出现；
> 那明星还不出现，
> 累坏了，累坏了马鞍上的身手。
> 这回天上透出了水晶似的光明，
> 荒野里倒着一只牲口，
> 黑夜里倒着一具尸首。
> 这回天上透出了水晶似的光明！

当然，这位"骑着一匹拐腿的瞎马，向着黑夜里加鞭"的理想主义歌手，他的全部渴望并非仅仅限于一个恋人，他也还没有在迢遥又孤独的征途上颓然倒下。就在这首抒情诗发表的1924年，徐志摩兴奋和期待的目光正穿过广袤的国土，越过冰雪皑皑的喜玛拉雅，投向薰风花香、星汉溢彩的南天，迎来了飘拂着白发银须、如泰岳般伟岸的一位慈祥老人的身影……

他，就是历史上第一个获得诺贝尔文学奖的东方诗人，著作等身、名震寰宇的印度大文豪泰戈尔。

迎送泰戈尔

在英国时就与许多名流结交的徐志摩，回国后成了中外文化交流的热心牵线人。早在1922年底，他就曾代表梁启超、蔡元培以讲学社的名义邀请傅来义、狄更生访华，后因傅来义生病、狄更生太忙没有成功。1923年初，讲学社邀请泰戈尔来华游历、演讲，同时委托徐志摩主理具体工作。徐志摩欣然接受任务，他先同泰戈尔的英籍秘书恩厚之取得联系，再征得泰戈尔本人同意后，几经周折，终于在1924年春天，迎来了这位为中国广大读者喜爱、社会各界人士翘首以盼的印度"诗圣"。

当时的国内报刊已作了许多舆论宣传，《小说月报》还出了《泰戈尔专号》，泰戈尔访华成为轰动一时的新闻热点。徐志摩自始至终参与其事，并担任泰戈尔的中文翻译和全程陪同，因而也备受公众瞩目。在此之前，他已阅读过泰戈尔的不少作品，与泰翁本人也有通信联系，在他撰写的《泰山日出》一文中，将这位有世界影响的文学泰斗和社会活动家，描绘成一位"竖立在大地的顶尖上，仰面向着东方，平拓着一双长臂"为人类祈祷呼吁和平、传布永恒光明的"巨人"，以诗人的想象与夸张，表达了他对泰戈尔"高超和谐的人格"所作出的伟大贡献的崇敬与激赏。泰翁也对这位精通英语、造诣非凡的异国知音产生了好感，一踏上中国的土地就与他结成了"忘年交"。

泰戈尔一行于4月12日抵达上海，黄浦江边的汇山码头似乎比平时更显得热闹和拥挤。当身穿棕色长袍、头戴红色印度帽的老诗人出现在热田丸号甲板上，向欢迎人群合掌致意的时候，徐志摩、瞿菊农、张君劢、郑振铎等接待人员都拥上船去，为贵宾带上花环并合影留念。泰戈尔在上海活动了一天，14日由徐志摩、瞿菊农陪同去杭州，畅游美丽的西湖，在有千年历史的灵隐寺，作了一场别开生面的演讲。他从飞来峰下的古代摩崖石刻造像谈起，说造像中的印度高僧慧理之所以当年将此峰称为"飞来峰"，并非真的由佛祖所在的天竺灵鹫山上飞来，而是因为——

你们的山峰还不是与我们的山峰说一样的话？你们的湖还不是与我们的湖带着一样的笑容？你们的树木与我们印度的树木还不是天生多少相同的面貌？……石壁上刻着的那位大师，他来时不仅发现你们的山水与我们的山水的一致，他也发现他的心地与你们人民的心地间也有天然的一致……那是一个极美的象征。我是他的后代，我也是从印度来的。

正是海棠花盛开的时节，那天，不但客人的游兴甚浓，徐志摩也诗兴大发，竟在那春光烂缦的西子湖畔沉吟游乐，通宵未眠。4月16日回沪，两天后，上海文学研究会等各团体在商务印书馆俱乐部举行正式欢迎会，一千多人到会聆听泰翁讲演。当晚,泰翁乘火车北上,在南京、济南两地稍事停留,又作了两回演讲,4月23日到达北京。

泰戈尔在北京受到讲学社的隆重接待,梁启超、蔡元培、胡适、蒋梦麟、梁漱溟、辜鸿铭、熊希龄、范廉源等都到车站欢迎,文化界为他召开了盛大的欢迎会,不少学校和机构邀请他去演讲,在京的二十多天里就讲了六次。后来有人如此记载天坛草坪上的一次盛会:

> 林小姐人艳如花,和老诗人挟臂而行,加上长袍白面,郊寒岛瘦的徐志摩,有如苍松竹梅的一幅三友图。徐氏在翻译泰戈尔的英语演说,用了中国语汇中最美的修辞,以硖石官话出之,更如一首首的小诗,飞瀑流泉,淙淙可听。①

这里说的"林小姐"即林徽因,泰翁在京期间,林徽因也常随左右。5月8日,为庆祝泰翁64岁生日,新月社同人在协和礼堂举行祝寿会,胡适、梁启超发表祝寿演说,赠予这位老寿星一个中国名字"竺震旦",取自印华两国的古称,也暗合着泰戈尔的名字拉宾德拉的原文涵义("太阳"或"雷"的意思),还以多幅名画和一件名瓷作为寿礼相赠,泰翁也在会上致答谢辞。仪式过后,文艺节目开始前,灯光在舞台天幕上映出林徽因所饰一古装少女恋望"新月"的影像,独特的造型图案,一语双关地表示出新月社演出和向《新月集》作者致敬的主题。

---

①吴咏《天坛史话》。

这次祝寿演出也给人留下不寻常的印象，因为所演的是泰戈尔本人的抒情诗剧《齐德拉》，徽因饰公主齐德拉，志摩饰爱神，林长民饰春神，导演张彭春，布景梁思成。诗剧用英语对白，当"爱神"徐志摩口念台词将爱赐与"公主"林徽因和扮演王子的张歆海时，心里真有一种说不出的滋味。演出很成功，老寿星看了尤其高兴。第二天的《晨报》上就有"父女合演，空前美谈"，"林女士态度音吐，并极佳妙"等赞语。

然而同讲学社、新月社的热情欢迎相比，广大青年群众和左派人士对泰戈尔的态度，却使徐志摩失望。因为在内忧外患的当时，国人所期望于这位世界文化名人的，不仅仅是他对中国人民的友好感情、对东方悠久文化的颂扬，生活在英国殖民统治下的泰戈尔所主张的非暴力思想，他所期许的人道、友爱和打破"物质主义"、追求自然和谐的精神理想，在国民革命风起云涌的神州，并没有多大的市场；再加上他拜访和围绕在他周围的人中，也确实有一些在激进青年看来是属于落伍和过时的人物，如溥仪、齐燮元之流；欢迎者对泰戈尔的礼赞声中也有"神化"和"捧杀"的成分。凡此种种，连这位自称是来伟大邻邦做一个"进香人"的六旬诗翁都有所感觉．因此他以劳顿为托辞回绝了在京的最后几回演讲。

5月20日，泰戈尔在徐志摩陪同下离京去太原，来车站送行的人很多。志摩坐在车窗里，望着月台上挥手与泰翁告别的林家父女、梁任公父子，心里有股潮水在涌动。这一段日子，由于陪同他所向往和尊崇的大诗人，也因能同"徽徽"

时常聚首，简直就像又回到"康桥的春天"一般，回国后的他从来没有这样快活过，焕发的诗情，如珠的妙语，潇洒的风度，还有那样难忘的演出！林"公主"的俏影早已像"新月"那样升起在他的心底，照彻着他的灵府；但谁是她的白马王子呢？谁能在天地的奔驰中最终夺得那"水晶似的光明"呢？就在大前天晚上的一次散会后，他俩相送在街头，盘桓许久不忍离去。北方的春夜同样撩人，南国的游子却感到分外凄清，因为徽因刚刚告诉他，家里已经做了决定，让她赴美留学，同思成一块去，手续已办好，下个月就要动身了——

"这是梁先生的意见吗？"志摩的声音急切得有些抖颤。

"是的，正是任公拿的主意。"徽徽在低语中不敢多说一个字。

"……"

这消息在志摩听来犹如五雷轰顶，两天里他一直精神不振。此刻列车尚未鸣笛，他拿出纸笔疾书起来，给徽因写信，因为只有在文字中他才能一吐为快。不知是列车开动打断了他的书写，还是他自己改变了想法，总之是信才开了个头便没了下文。坐在徐志摩对面的泰翁秘书恩厚之，把这一切看在眼里，他已是同志摩很熟的朋友，既然不能为他分忧，也就不好再问他什么，只是当志摩扔下那页信纸时，恩厚之却将它悄悄收进自己的公文包，这一"收"就是四十多年，直到七十年代香港的梁锡华为写《徐志摩新传》去访问，恩厚之才说出这段往事，那封车上"情书"才在当事人都已过世多年后得以公开：

　　我真不知道我要说的是什么话。我已经好几次提起笔来想写，但是每次总是写不成篇。这两日我的头脑总是昏沉沉的，开着眼闭着眼却只见大前晚模糊的凄清的月色，照着我们不愿意的车辆，迟迟的向荒野里退缩。离别！怎么的能叫人相信？我想着了就要发疯。这么多的丝，谁能割得断？我的眼前又黑了！……

　　徐志摩没有沉浸在失恋的痛苦里，他不但顺利完成了陪同泰戈尔访问山西同阎锡山会晤的任务，得到了这位附庸风雅的军阀土皇帝对泰翁"农村建设改革计划"出人意外的支持，还陪伴大诗人去武汉、回上海和访问日本。从5月底到7月初，相随泰戈尔在日本活动了一个多月，他饱览扶桑山水秀色，会晤东瀛文化界人士，还将泰戈尔在东京的多篇讲演稿译成中文，介绍给中国读者。作为感同身受被侵略之苦、富有民族自尊心的爱国诗人，徐志摩非常欣赏泰戈尔在日本讲演时不顾"国际礼仪"、不给主人面子，当众训斥军国主义"欺诈、残忍"的"拳风"，愈加体会到泰翁对中国人民深情厚谊的可赞可贵。他在给泰戈尔题为《科学的位置》的一份演讲稿所写的译后记中说：

　　……我每次回想到老人爱人道爱和平爱真理的热烈与勇敢，便引起无穷的感兴，有时不禁眼眶里装满了热泪。

　　他还在给泰翁的信中，高度评价大诗人的中国之行：

您在中国的访问虽短，但留给那边朋友们的忆念却毫无疑问是永远常新的！而令人更感到安慰的，是您在中国建立了关系，远远超过了个人间的点滴友谊，这个关系就是两国的灵魂汇合成为一个整体。你所留下在中国的记忆，至终会在种族觉醒中成为一个不断发展的因素。

泰戈尔也从这次难忘的旅程上，从他接触到的中国年轻人身上，看到了"一个伟大民族觉悟了的精神与发展的方向"。老人特别珍视与徐志摩的友情，给他取了个印度名字"素思玛"，在致他的信中说："我在中国所得到的最珍贵的礼物中，你的友谊是其中之一。"

离开日本后，徐志摩专程送泰翁到香港，才依依不舍地分手，并相约来年在欧洲再相会。

诗花绽放

　　同泰戈尔的交往，活跃着徐志摩的整个身心，也进一步开阔了他的眼界与胸襟。送走老诗翁后，他去庐山牯岭住了一阵子，在那里整理、翻译泰戈尔的讲演文集，重温几个月来这位东方诗哲的謦欬音容。同样是理想主义者的泰戈尔，给年轻的中国同行带来了精神上的鼓舞与激励、抚慰和启示，尤其是他那"高超和谐的人格"所显示的无穷魅力，对徐志摩不啻是一种情感的教化和心灵的提升。徐志摩曾这样向中国的年轻读者传达泰戈尔式的"人类信念"：

　　你们听见没有？他说人类渴望着一个伟大的声音出现，撼动这寂寞的人间。你们听见了没有？他说在这样不连贯的，嗳嚅的，不创造的世界里过活我们觉得不耐烦。他说人的所以伟大的缘故就在大胆的开拓"可能"的境界，继续的探险茫昧的前程，直到那铁打的大门，上面刻着"不可能"的那个大字。你们听见了没有？现在我们的是一个新时期，我们的是一个新鲜的清早，这时候打着我们大门叫喊的就是这伟大的声响："英雄们，冲锋，经过讥笑与死辱的路径，你们冲锋到不可能的境界去。"青年们……你们听见了没有？①

　　正当"五四"运动以后，中国青年普遍觉醒、爱国反帝意识也在人民群众中高涨之际，这种不满于现状、力求打开"不可能"之境的号召，无疑是有进步意义的。徐志摩本人也是在这样的观念影响下，继续深化着他回国后对中国社会和民族前途的思考。

　　1924年一个晴朗的秋日，离开庐山回京不久的徐志摩应友人之邀，去北京师范大学演讲。他在这次后来整理成为名文《落叶》的讲演词中，生动地叙述了他在日本所看到东京大地震后，日本国民以"积极的态度对命运宣战"的"不可摇的信心，不可动的自信力"，还谈到他参观苏联驻华大使加拉罕在原沙俄使馆举行升旗仪式时所留下的印象："那红色是一个伟大的象征，代表人类史里最伟大的一个时期；不仅标示着俄国民族流血的成绩，也为人类立下一个勇敢尝试的榜样。"从这些显而易见的事实里，讲演者阐述了他对基于崇高理想的"真的感情、真的人情"的信仰，认为那是"社会组织的基本成分"，是国家和民族克服危难、走向新生的不可或缺的"精神的胜利"。他还以"网球拍"上总有"几根线是最吃重，最要紧，……少数特强的分子保持了全体的匀整"做比喻，勉励有志青年应作社会中坚，为破碎、死寂的中国社会，编织"强有力的大网子"，"在我们运命的天平上重重的加上创造的生命的分量"，人生才是有意义的，"东方民族的天才"才能得以复兴——同两年前在清华

————————

①徐志摩译泰戈尔《科学的位置：在日本西京帝国大学讲演》一文。

园的那次不成功的"英文演说"相比，徐志摩的思想和语言，跟他的听众之间，显然缩短了距离。

也是在这次讲演中，诗人当众朗读了他新近创作的三篇散文诗《毒药》《白旗》和《婴儿》，引起了热烈反响。在前两篇中，作者从自我剖白开始，以"毒如蛇蝎"的语言，诅咒黑暗笼罩、不义横行、人道丧尽的丑恶现实，继而召唤"像举起你们的心一样(举起白旗)"的忏悔者、悟道者们，说"现在时辰到了"，只有感天动地的泪水和哀伤，才能够"回复天性"，"望见了上帝永久的尊严"……而在第三篇中，诗人则将他的全部希望和理想，寄托于一位在分娩中痛苦挣扎的母亲身上：

一个安详的、镇定的、端庄的、美丽的少妇，现在在绞痛的残酷里变形成魔鬼似的可怖：她的眼，一时紧紧的阖着，一时大大的睁着，她那眼，原来像冬夜池潭里反映着的明星，现在吐露着青黄色的凶焰，眼珠像是烧红的炭火，映射出她灵魂最后的奋斗，她的唇，原来是朱红色的，现在像是炉底的冷灰，她的口颤着，撅着，扭着，死神的热烈的亲吻不容许她一息的平安，她的发是披散着的，横在口边，漫在胸前，像揪乱的麻丝，她的手指间，还紧抓着几穗拧下来的乱发；

这母亲在她产床上受罪——

但是她还不曾绝望，她的生命挣扎着血与肉与骨与肢体的纤微，在危崖的边沿上，抵抗着，搏斗着，死神的逼迫；

她还不曾放手，因为她知道(她的灵魂知道!)这苦痛不是无因的，因为她知道宫胎里孕育着一点比她自己更伟大的生命的种子，包涵着一个比一切更永久的婴儿；

因为她知道这苦痛是婴儿要出世的征候，是种子在泥土里爆裂成美丽的生命的消息，是她完成她自己生命的使命的机会；……

在这首象征主义的迎接新生命的赞美诗中，徐志摩倾注了他对人世间一切美好事物和崇高理想在新生前经受"阵痛"的同情与理解，倾注了他对当时正在受难的祖国母亲的深切关爱，对中华民族必将有光明未来的坚定信念。比起前两篇散文诗作，这首《婴儿》的主题更鲜明、集中，基调更积极、昂扬。它的问世，也恰似一个"种子在泥土里爆裂成美丽的生命的消息"，显示出徐志摩早期创作在思想和艺术上的飞跃，告诉人们：一位内心闪烁出理想主义光彩，旋律中奔放着浪漫主义热情的非凡歌手，登上了因"五四"风雷的激荡而揭幕在二十世纪初叶的中国新诗坛。

从1922下半年到1925上半年，徐志摩回国后的头三年，是他短暂生命中出现的第一个诗歌创作的高峰期。这一时期的多数诗作，都收入了他于1925年8月在上海中华书局自费出版的第一本诗集《志摩的诗》。入集的五十五首诗中，被诗人赫然排在首篇的，是他写于1925年早春的《这是一个懦怯的世界》。在这首诗中，诗人大胆地向"容不得恋爱"的世俗社会发出了挑战，向他的恋人热情地吐露他"浪漫之爱"的宣言：

我拉着你的手，

爱，你跟着我走；

听凭荆棘把我们的脚心刺透，

听凭冰雹劈破我们的头，

你跟着我走，

我拉着你的手，

逃出了牢笼，恢复我们的自由！

此刻，他的恋人是谁呢？为什么他俩的恋爱遭遇到那样大的麻烦："荆棘""冰雹"的狙击和"牢笼"的禁锢？我们将在后面的章节里作出交代。

徐志摩是一位抒发个人情感世界的高手，在他的第一部诗集里自然少不了表现恋爱情绪的作品，但这个时期的诗人并没有沉湎于其中，而是敞开心扉，大步行走在广阔的天地里。他在《灰色的人生》一诗里，这样描绘他内心的自我形象：

我想——我想开放我的宽阔的粗暴的嗓音，唱一支野蛮的大胆的骇人的新歌；

我想拉开我的袍服，我的整齐的袍服，露出我的胸膛，肚腹，肋骨与筋络；

……

我伸出我巨大的手掌，向着天与地，海与山，无屡地求讨，寻捞；

我一把揪住了西北风，问它要落叶的颜色，

我一把揪住了东南风，问它要嫩芽的颜色；

……

来，我邀你们到海边去，听风涛震撼太空的声调；

来，我邀你们到山中去，听一柄利斧斫伐老树的清音；

来，我邀你们到民间去，听衰老的，病痛的，贫苦的，残毁的，受压迫的，烦闷的，奴服的，懦怯的，丑陋的，罪恶的，自杀的，——和着深秋的风声与雨声——合唱的"灰色的人生"！

的确，在诗集《志摩的诗》中，就有不少反映现实人生、揭示社会主题的诗篇。除了上文提到的《毒药》、《婴儿》等作品外，再如《太平景象》一诗，借两位大兵在兵车上的对话，平白而又尖锐地控诉了连年军阀混战，给老百姓带来"做鬼不幸，活着也不称心"的沉重灾难，犹如一幕生动的短剧。《先生！先生！》刻画的是北京胡同里顶着"冰冷的北风"，衣衫单薄的小姑娘奔跑在洋车后面讨赏钱的悲惨情景，那"破烂的孩子追赶着铄亮的车轮……飞奔……紧追……一路旋风似的土尘……紫涨的小孩，气喘着，断续的呼声……先生……先生……"断续而又紧张的节奏与画面，蒙太奇一般活生生地再现出旧京的当年，扣人心弦地表现了诗人对民间疾苦的关切与同情。在《一条金色的光痕》中，诗人根据他母亲讲述的家乡故事，写一位穷苦老太为一个寒冬倒毙的女乞丐来向"徐家太太"讨要一件"旧衣裳"去殓尸，全篇均用硖石土话，诗人显示了他高超的运用口语入诗的本领。这一尝试在"五四"新诗中虽然不是他的"专利"，但就艺术成就而言，徐志摩驾驭白话的纯熟，讲究诗韵、节奏和音调的和谐，抒情、写意与音乐性的高度统一，在早期新诗人中是非常突出的。

正因为如此，《志摩的诗》一经问世，就受到文坛重视和广大读者的欢迎。1928年8月这部名噪一时的新诗集，又由上海新月书店出版，徐志摩对原书中的诗作进行了认真的删除与修改。原先入集的55首诗，被他删掉了15首；《沙扬拉娜》这首脍炙人口的传世之作，在第一版中是以《沙扬拉娜十八首》为题出现的，长达90行，重新入集时只保留了最后一首：

　　最是那一低头的温柔

　　像一朵水莲花不胜凉风的娇羞，

　　道一声珍重，道一声珍重，

　　那一声珍重里有甜蜜的忧愁——

　　沙扬拉娜！

短短五行诗，成功地摄下了一位东瀛女郎在道别之时的动人影像，它给予读者的不仅仅是东方女性的"温柔"和"娇羞"，还有那伴随着"珍重"和"沙扬拉娜"传达出来的"甜蜜的忧愁"——这个创造性的"矛盾语"的运用，进一步凸显了主人公的个性，深化了诗的意境，为年轻的中国新诗提供了宝贵的借鉴。诗人对自己作品的严格要求与精益求精，于此可见一斑。

特别有意思的是，在再版的《志摩的诗》中，徐志摩将原先列在首篇的《这是一个懦怯的世界》退后成了第二首，将原先的第二首《雪花的快乐》提前到篇首。这首被同时代诗人朱湘称之为《志摩的诗》"全本诗中最完美的一首"写于1924年冬，诗中的"恋爱情结"和诗作的背景同《这是一个懦怯的世界》大致相似，也是因新的恋情的点燃而爆发出的心灵火花，但诗人在这首诗中没有以反叛和挑战者的姿态出现，而是将爱的欢乐与憧憬，幻化成了漫天飞舞的"雪花"，唱出了一首潇洒飘逸、优美深情的追求之歌、希望之歌，十分典型地传达出徐志摩诗风中流梦溢彩的"主旋"，不愧为诗人早期抒情诗的代表作。

下面就是《雪花的快乐》的全文：

假如我是一朵雪花，
翩翩的在半空里潇洒，
我一定认清我的方向——
飞扬，飞扬，飞扬，——
这地面上有我的方向。

不去那冷寞的幽谷，
不去那凄清的山麓。
也不上荒街去惆怅——
飞扬，飞扬，飞扬，——
你看，我有我的方向！

半空里娟娟的飞舞，
认明了那幽幽的住处，

中学生延伸阅读·大家小传

等着她来花园里探望——
飞扬，飞扬，飞扬，——
啊，她身上有朱砂梅的清香！

那时我凭借我的身轻，
盈盈的，沾住了她的衣襟，
贴近她柔波似的心胸——
消溶，消溶，消溶——
溶入了她柔波似的心胸！

伤感的旅程

　　自林徽因和梁思成双双去美国读书以后，徐志摩那颗失落的心，就像断线风筝似的，在虚空里飘浮了好一阵子。但没过多久，它就有了新的目标：诗人同他在社交场所结识的京城名媛陆小曼，由相知到相恋了。

　　陆小曼，名眉，祖籍常州，1903年生于上海。她的父亲陆定是前清举人，曾留学日本，民国后在北京做官，小曼是家中独女，据说她自幼聪慧，但不肯用功读书，十二岁那年因太淘气被父亲的一个巴掌打得她开了窍，此后乖乖地跟着外籍家庭教师学，不到三年便"精通"了英语，后来又兼及法文。她擅写会画，能歌善舞，登台演戏更是在行，人长得也清丽端庄。就这么一个风姿绰约的才女，十七岁上嫁给了比她大七岁、刚从美国西点军校毕业归来的王赓。王赓，无锡人，世代显贵之后，品学兼优，文韬武略，回国第二年即被派出参加巴黎和会，是当时北洋政府里一个前程远大的少壮派。陆家父母自然看重这样的女婿，但对小曼来说，这桩由家长包办的婚事却很不理想，因为她活泼浪漫、喜爱交游，同王赓的老成持重、不是工作便是读书的"古板"差异颇大，百无聊赖的少奶奶生活更使她借出入舞场、交际游乐打发时光，排遣内心的郁闷。自从结识徐志摩以后，她那"忍泪假笑"的暗淡人生中，好像流淌进一注灵动的飞泉，撒进了一罐灼热的阳光。

而徐志摩呢，则将陆小曼看成了他命运天宇上终于升起的爱情星座，与她相比，已往的"星光"只不过是个虚幻的投影罢了。他在认识小曼之前，就跟王赓是熟朋友，因此开始时他和小曼也只是一般来往，随着经常在一起跳舞、演戏、谈心，才相知日深起来。不久，王赓调任哈尔滨警察厅长，将小曼留在她母亲家，这更给他俩增添了单独接触的机会，终于在1925年早春"徐陆之恋"爆发成了京城交际圈里的热门话题：一个是离过婚的浪漫诗人，一个是结了婚的闺中少妇，这样的"恋爱"怎能不招人非议呢？来自家庭、社会和世俗眼光的压力，让他俩陷入重重困围……

就在这时，恩厚之从万里之遥来信，说人在旅途的泰戈尔思念着他的"素思玛"，盼望去年的相约能够实现，还说老戈爹身体不如前，若是有志摩随侍左右，将慰他劳瘁的心怀。泰翁的召唤，如磁石般地牵动着年轻诗人的心，要不是与身边的佳人有约，他早已飞走了，但同小曼商量的结果，还是离京出国好，两人分开一段时间既可避避风头，也可以争取时日解决实际问题。3月10日，徐志摩匆匆踏上旅程，倚在列车窗口，给刚刚作别的小曼写信，信中如此对比去年和今年两次出远门的不同心境：

我倒想起去年五月间那晚我离京向西时的情景，那时更凄怆些，简直的悲，我站在车尾巴上，大半个黄澄澄的月亮在

东南角上升起……天茫茫，地茫茫，心更茫茫，叫我不掉眼
泪怎么着？但今夜可不同，上次是向西，向西是追落日，你
碰破了脑袋都追不着，今晚是向东，向东是迎朝日，只要你
认定方向，伸着手膀迎上去，迟早一轮旭红的朝日会得涌入
你的怀中……

　　带着希望上路的诗人于3月20日抵达莫斯科，冰雪未化的
红色首都映入这位早年同情"鲍雪微克"、昨天还礼赞"红
旗"的游子眼中，并非"光荣的古迹"和"繁华的街景"，
而是"血污的近迹"、"泥泞的街市"……经历过十月革命
洗礼，大战、饥荒、内乱折腾的苏维埃政权，尚未走完它苦
难的历程，才刚刚绽露生机。当徐志摩看到旧俄时代的上层
人物被革命风暴卷入社会底层，目睹了知识分子生活的困
苦、传统文化的低落，这一切都同他那只能是在沙龙里侈谈
"革命"和"人道"的自由主义立场相抵触，联想到自己过
惯了的养尊处优生活将会被毁坏、埋葬，早先的同情和赞美
变成了惧怕和反感。在后来他陆续写出的《欧游漫录》里，
徐志摩笔下出现的对苏联现状和工农革命的怀疑和不满，清
晰地反映出来。这是他的虚幻的社会理想，在阶级斗争严酷
现实面前的动摇与破灭，也成为诗人长期以来被批评者认为
"向右滑落"为地主资产阶级张目、反对社会主义革命的
"证词"。当我们拂去岁月的尘封，再读这些曾引起过争论
的文字时，诗人思想之流中的沙金并存、瑕瑜互见，经过时
间的沉淀，也许可以看得更清楚些。
　　例如，他曾这样赞扬苏联大地上的风物与民情：

西伯利亚的林木都是直干的；不问是松，是白杨，是青松或是灌木类的矮树丛，这株树的倔强的不曲性是西伯利亚，或许是俄罗斯，最明显的特性。

而莫斯科留给诗人的最后印象是：

不曾开冻的莫斯科河上面盖着雪，一条玉带似的横在我的脚下，河面上有不少的乌鸦在那里寻食吃。莫斯科的乌鸦背上是灰色的，嘴与头颈也不像平常的那样贫相，我先看时当是斑鸠！皇城在我的左边，默沉沉的乌包围着不少雄伟的工程，角上塔形的望台上隐隐的有重裹的衙兵巡哨的影子，塔不高，但有一种监视的威严颜色更是苍老，像是深赭色的火砖，它仿佛告诉你："我们是不怕光阴，更不怕人事变迁的，拿破仑早去了，罗曼诺夫家完了，克伦斯基跑了，列宁死了，时间的流波里多添一层血影，我的墙上加深一层苍老，我是不怕老的，你们人类抵拼再流几次热血？"我的右手就是那大金顶的教寺，隔河望去竟像是一只盛开的荷花池，葫芦顶是莲花，高梗的，低梗的，浓艳的，澹素的，轩昂的，葳蕤的——就可惜阳光不肯出来，否则那满池的金莲更加亮一重光辉，多放一重异彩，恐怕西王母见了都会羡慕哩！

在莫斯科，徐志摩走访了托尔斯泰的长女，拜谒了红场上的列宁墓，还去克鲁泡特金和契诃夫的墓园凭吊。阴晦的天气，压抑的心情，但凭吊者再没有想到几天之后，在德国柏林等待他的，竟是他幼子的遗像和骨灰瓶——三年前生于柏林、一直随母亲张幼仪生活在德国的小彼得（德生），眼巴巴等着"照片上的爸爸"来看他，竟患了急性腹膜炎，在徐志摩3月26日赶到柏林的前一个星期，就带着小天使般的"活泼、美慧、可爱"，孤伶伶地走了！

丧子的悲痛，使志摩心如锥刺，作为"父亲"他是愧恨交加的，他"初次明白曾经有一点血肉从自己的生命里分出，这才觉着父性的爱像泉眼似的在性灵里汩汩的流出；只可惜迟了，这慈爱的甘液不能救已经萎折了的鲜花"。①见到幼仪，他更多的是友情与钦佩，他在当晚给陆小曼写的一封信中提到前妻时说，"C可是一个有志气有胆量的女子，她这两年来进步不少，独立的步子已经站得稳，思想确有通道"，"她现在真是'什么都不怕'，将来准备丢几个炸弹，惊惊中国鼠胆的社会，你们看着吧！"虽说言带戏谑，但不久幼仪学成回国，在北京办学，在上海开服装公司，的确有很出色的表现，这些都是后话了。

诗人没有在德国久留，4月初他到了法国，正值祖国的"清明时节"，刚刚经受了生死摧逼的志摩，特别牵情于追怀他生平倾慕的名流大家，在巴黎，他凭吊了波特莱尔、小仲马、伏尔泰、卢梭、雨果等人的墓地，还祭扫了小仲马笔下的人物茶花女之墓。他也去枫丹白露，为他最心仪的英国女作家曼殊斐儿扫墓。1922年7月离别英伦前，他曾拜访过病中的曼殊斐儿，女作家"像印度最纯彻的碧玉似的容貌"、动听如"仙乐"的非凡谈吐，以及她那能够"透入你灵府深

———————————
①引自徐志摩《我的彼得》。

处"的柔和目光，给了她小说的崇拜者、也是最早的中译者之一的徐志摩，以"美的神奇的启示中全生命的震荡"，甚至将与她的"仅一度相见"称之为"二十分(钟)不死的时间"①。此刻，手抚故人的墓碑，远来的东方诗人献上的不仅是带露的鲜花，还有他心中和泪的诗句。

这次欧洲之行，用徐志摩自己的话来说，"倒像是专做清明来的"。除了巴黎，后来在罗马，他又拜谒了雪莱、济慈的安息地，在佛罗伦萨，他上勃朗宁夫人的坟，上米开朗基罗的坟，还有但丁、弗朗西斯、维吉尔等名人的坟——这座中世纪就名扬四海的意大利古城，徐志摩留下的不光是盘桓墓园的足迹、怀古伤今的思绪，还有与它的名字相联的一迭文稿，如散文《翡冷翠山居闲话》、抒情诗《翡冷翠的一夜》，从此"翡冷翠"这个具有独特韵味的"芳名"，如佩环般鸣响在中国现代文学的篇什中，这是诗人徐志摩回赠给但丁故乡的一份永久又珍贵的纪念。②

志摩是同幼仪一起来意大利的，幼仪学校放春假，他们同游威尼斯、罗马等地，两周后，幼仪回柏林，志摩去"翡冷翠"。他在那里的幽静山水间寄居了一个多月，读书、写信、撰稿，整理"这回出来清一清头脑，补足我自己的教育"所得的体会与收获。当然，他也未忘寻觅"老戈爹"的行踪，到处打探消息，直令志摩失望的是，厚恩之因忙于新婚，竟忘了将泰戈尔已返回印度的实情传给赶来赴约的"素

---

①徐志摩翻译的《英国曼殊斐儿小说集》1927年由上海北新书局出版。
②"翡冷翠"系徐志摩按意大利原文Firenze的音译，他在《关于女子》的讲演中说：这是"一个具有音乐性和足以唤起多种美丽联想的名字"。现通译为"佛罗伦萨"。

思玛"，等到他再去信向老人问讯，6月初泰翁回电说8月再
去欧洲，要志摩在欧等候。尽管当时诗人已急着回国，但仍
耐着性子准备与老人见了面后再走。

6月中旬，志摩又到法国，一人在巴黎游逛，绚丽的罗浮
宫，壮观的凯旋门，迷人的塞纳河，似乎都在翻腾和炫耀着
五光十色的虹霓，自然都是他驻足流连的地方，但在诗人后
来写成的散文《巴黎的鳞爪》中，却并未记叙这些容易浮光
掠影、千篇一律的"花都"印象，而是将观察的视角和描绘
的笔触，更深入、也更独特地投向了社会生活的底层：

……浮动在上一层的许是光明，是欢畅，是快乐，是甜
蜜，是和谐；但沉淀在底里阳光照不到的才是人事经验的本
质：说得重一点是悲哀，说轻一点是惆怅；谁不愿意永远在轻
快的流波里漾着，可得留神了你往深处去时的发现！

他从"深处"发现并为我们讲述的是两个小人物的故
事：一个红颜命薄的伴舞女郎，一个穷愁潦倒的无名画家。
通篇借两位主人公的自报家门，活脱脱地勾勒出繁华和浮靡
的世相下掩盖不住的落寞与悲怆，也活脱脱地表现出了那落
寞与悲怆中的真诚与坦荡，让读者从这两个普通巴黎人的沉
浮、挣扎和追求的喜忧遭际中，看到生活皮相下"花都"的
真实灵魂。7月初，志摩到了英国，同罗素、狄更生等剑桥师
友会晤，受到热情的接待，他们还答应为他计划办的刊物写
稿。经狄更生介绍，志摩又去多切斯特乡间拜会了大文豪哈
代(1840~1928)，八旬高龄的稀世老人早已闭门谢客，但还是

在自己的客厅和花园里会晤了中国的年轻诗人，并同他交谈了一个多小时。以《德伯家的苔丝》、《无名的裘德》等多部长篇小说传世的哈代，也是位杰出的诗人，因此同徐志摩谈起诗来更起劲。他说他赞成用韵，"你投块石子到湖心里去，一圈圈的水纹漾了开去，韵是波纹，少不得。抒情诗是文学的精华，颠不破的钻石，不论多小，磨不灭的光彩"；还说"我不重视我的小说。什么都没有做好的小诗难"。老人一面背诵莎士比亚的名句，一面接着说："练习文字顶好学写诗；很多人从学诗写好散文，诗是文字的秘密。"

　　老人不愿照相，也不肯签名，连茶也没给远来的客人倒一杯，只是在自家的园子里摘了一朵红花和一朵白花给他，但在志摩心中仍留下"高山仰止"的印象：

　　"哈代！多高多远的一个名字！方才那头秃秃的背弯弯的腿屈屈的，是哈代吗？太奇怪了！那晚有月亮，离开哈代家五个钟头后，我站在哀克刺脱教堂的门前玩弄自身的影子，心里充满着神奇。"①

　　1925年7月13日，返回伦敦的徐志摩接到陆小曼催他立即回国的电报。他也早已归心似箭了．他当天给泰翁那边拍电报，告之因家中急事不能在这里继续等下去了。几天后办好签证，诗人又匆匆踏上归程，结束了这半年来时常让他伤感难过、也增添了他鬓边霜丝和心中负荷的欧洲之旅。

──────────

①徐志摩《谒见哈代的一个下午》。

惊世之爱

徐志摩在赶赴欧洲前，就同陆小曼约好，两人暂别的时间里，多多依靠书简往来沟通感情，还希望小曼每天写书信体的日记，在日记中向他倾诉心曲，也好做日后的纪念。徐志摩是非常看重他同小曼建立起来的新关系的。几年前的那场婚变中，曾这样回答他老师梁启超的批评，吐露自己的心曲：

我之甘冒世之不韪，竭全力以斗者，非特求免凶惨之苦痛，实求良心之安顿，求人格之确立，求灵魂之救度耳。

人谁不求庸德？人谁不安现成？人谁不畏艰险？然且有突围而出者，夫岂得而至而然哉？

我将于茫茫人海中访我唯一灵魂之伴侣；得之，我幸；不得，我命，如此而已。

如今他终于在"茫茫人海"中访到了他的"唯一"，虽是短暂的别离，他心中的炽火一刻也没有停熄，伴着封封情书飞过海天，飞向远方的恋人。他还在佛罗伦萨写下名诗《翡冷翠的一夜》，借一个弱女子的口吻诉说与恋人离别时的情愫、执著等待的决心："爱，你永远是头顶的一颗明星：要是不幸死了，我就变作一个萤火，在这园里，挨着草根，暗沉沉的飞，黄昏飞到半夜，半夜飞到天明……"婉转曲折、缠绵悱恻的恋歌，实际上既是他对浪漫之爱的艺术阐释，也是他内心忧戚的折射与升华。当时身处逆境的小曼又犯了心疼病，饱尝两地相思之苦，家庭里的矛盾更使她难以支撑。开始时，她还有信心在日记本上倾诉衷肠：

　　其实我不羡富贵，也不慕荣华，我只要一个安乐的家庭，知心的伴侣，谁知连这一点要求也不能得到，只落得终日里孤单单的，有话都没有人讲，每天只是强自欢笑在人群里混。……最知我的当然是摩！他知道我，他简直能真正的了解我，我也明白他，我也认识他是一个纯洁天真的人，他给我的那一片纯洁的爱，使我不能不还他一整个圆满的永远没有给过别人的爱的。①

　　然而要争取到这个"圆满"的结局，谈何容易。抗争了几个月，小曼的"别离日记"写到了最后一篇：

　　摩！我今天与你永诀了……唯一的希望是盼望你能在二星期中飞到，你我作一个最后的永诀。……你我的一段情缘，只好到此为止了，此后我的行止你也不要问，也不要打听。你只要记住那随着别人走的是一个没有灵魂的人。我的灵魂还是跟你走的，你也不要灰心，不要骂我无情……你不要再留恋于

①《爱眉小札·小曼日记》(1925年7月17日)。

我，你是一个有希望的人，你的前途比我光明得多，快不要因我而毁坏你的前途……

你快不要伤心，我走了……

小曼的动摇，是因母亲的坚决反对和王赓调任上海强要她跟随南迁而引起的，也同她听到徐志摩在海外又有风流韵事的谣传有关。正在这节骨眼上，志摩飞回来了，他看了小曼的日记，深为她的真情所感动，也为他自己在"翡冷翠"和巴黎的写作生活作了"辩解"。他还表示也要写这样的书信体日记来报答他的"眉"——这便是日后由小曼编定、他俩合作、风靡一时的《爱眉小札》的由来。对于这"浪漫之爱"中的双方来说，没有比他们在两人世界中互相吸引、互相触发的情热更强有力的"动能"了；而且幸运的是，他们所遇到的"第三方"并非搬不走的高山，而是位受过新式教育的文明绅士。经过了大半年的对峙和延宕之后，王赓见小曼终无回转之意，也就爽快地答应离婚，时在1925年10月的上海。

挣脱了"牢笼"的小曼，跑到北京来找志摩，一时竟找不到他。直到有一天看到他发表在《晨报副刊》上的文章《"迎上前去"》，那是志摩接任该刊主编后的一篇言辞恳切的"自供状"，才知道他已换了做事的地方，而文章中有股抑郁不平之气，更使她看了急不可待地去会心上人，告诉他自己已获得自由的好消息。终于，他俩在京城重逢了，满心欢喜和相拥而笑中，一年来的苦和累，失望和沮丧，焦虑和悲伤，全都烟消云散了。

　　但大喜之日尚远，志摩这边还有工作要做。1926年春节将近时，诗人南下回硖石老家，专程为取得家人对他与小曼婚事的谅解和支持。慈爱的祖母已在两年前去世，一向软弱的母亲心里不高兴嘴上也不会多说什么，只有为他同幼仪离婚事仍在耿耿于怀的父亲，眼下对儿子的作为最反感：北京城里有多少名媛淑女，什么人不好挑，为什么看中了人家的媳妇，还是个声名不大好听的轻浮女子！志摩呀志摩，你又中什么邪了？败坏徐家的门风不说，也得为你自己的前程考虑啊！

　　徐志摩知道这"关"难过，除了软磨硬泡说服母亲，向申如公求情外，他还搬来了正在南方的胡适做说客，并与张君劢长谈，向这位昔日的内兄求援。这几招都还有效，特别是胡博士历来为徐申如所敬重，功夫不负有情人，做父亲的又一次"让步"了，同意了儿子和小曼的婚事，不过要依他三项条件：

　　一、结婚费用自理，家庭概不负担；

　　二、婚礼必须由胡适做介绍人，梁启超证婚，否则不予承认；

　　三、结婚后必须回南方，安分守己地过日子。

　　这个"约法三章"中，最让志摩伤脑筋的，是"证婚人"这项。梁任公当年的训诫言犹在耳："万不容以他人之苦痛，易自己之快乐……"那时的"苦"与"乐"还仅仅在两个人之间，现在的事情要复杂得多、难办得多，任公先生能为自己"改弦易辙"吗？实在没有把握，但一想到有胡适这样甘当"红娘"的朋友做靠山，未来的新郎还是硬着头皮答应下来。

　　1926年10月3日(农历八月二十七日，孔诞日)，徐志摩和陆小曼的婚礼在北海公园内的董事会礼堂隆重举行。前来贺喜的人很多，足有百把人，徐志摩在京的友人杨振声、丁西林、任叔永、梁实秋、陈衡哲、陈西滢等，纷纷光临。徐、陆给在京的张幼仪、王赓都发了请柬，他们虽然没有来，但都送了厚礼。据说王赓原先是打算出席的，但被家里人阻拦了，怕他丢面子，他本人却解释说："离了婚还是朋友嘛，他们以朋友身份请我，我也该尽点心意。"此话在当时的社交圈内传为美谈，无人不夸王赓的大度和通达。

　　梁启超自然是反对这桩婚事的，完全亏了胡适的说情，看在博士的面子上，老人才来给他的不肖弟子做"证婚人"。只见他饱经风霜的脸上阴云密布，与秋高气爽下的满堂喜气很不协调，仿佛预示着即将有一场"雷阵雨"将至似的，不仅让一对盛装的新人心里忐忑不安，就连胡适这位主持婚礼的"介绍人"也一个劲地赔着笑脸，生怕这么大的场面上闹出什么乱子。

　　然而暴风雨还是来了，轮到"证婚人"讲话时，满堂注意力都集中在走上前来的梁任公身上。到场的京城仕女和社会名流中，梁启超几乎就是中国近代史的缩影与象征，也可以说是大家中的"家长"。只见他表情严厉，眉锋紧蹙，两道莫测高深的目光，寒森森地投向颔首敬立在一旁的志摩与小曼——显然，那不是月下老人牵系情侣的"红丝线"。

　　"徐志摩、陆小曼，你们听着！"听声音就很吓人，"结婚，离婚，再结婚……都是过来人了！要我给你们证婚吗？"

——所有的心都悬起来，仿佛被无形的大手提在紧张的空气中；鸦雀无声的大厅内，回荡着梁任公浓重的闽南口音：

"那，就先记住我的这句话：从今以后，不要再做'过来人'！"

来宾们窃窃私语，面面相觑。

真像是闪电过后的雷霆，倾刻间一场"辟里砰啷"的暴风雨，浇到眼前这对可怜毫无招架之功的新郎、新娘头上——"证婚人"从徐志摩的"用情不专、浮躁冲动"说起，骂到陆小曼的"不求上进，见异思迁"……越说越激动，嗓门也越来越高。直到胡博士前来劝解"任公息怒，任公息怒"，徐志摩低声求饶"先生给学生留点面子吧"，梁大师这番破天荒的"证婚变骂婚"的训话才告结束。

第二天，梁启超在给梁思成的信中，还提到这件事：

> 我昨天做了一件极不愿意做之事，去替徐志摩证婚。他的新妇是王受庆夫人，与志摩恋爱上，才和受庆离婚，实在是不道德之极。我屡次告诫志摩而无效，胡适之、张彭春苦苦为他说情，到底以姑息志摩之故，卒循其情。我在礼堂演说一篇训词，大大教训一番，新人及满堂宾客无不失色，此恐是中外古今所未闻之婚礼矣。

其实，梁任公的当众"训骂"是有他的一番苦心的，这正是他爱志摩、为学生处境着想的表现：唯此才能平息社会舆论对徐、陆婚恋的非议（新人毕竟接受了他的训斥），唯此才能给这两个冥顽之徒以"悔悟"的震撼。据说这也是他答应前来"证婚"的条件,双方该是心中有数的。但不管怎么说,这当年北海公园徐、陆婚礼上的奇特一幕,还是触目惊心地反映了新旧两代人之间,在婚姻与道德观念上所出现的深刻"裂变",也在这对新人特别是小曼心上,投下了再也抹不去的阴影。

志摩的朋友中,始终支持并给他以切实帮助的是胡适;而在思想上与他共鸣最深,是同样的理想主义者、也是他府中同窗的郁达夫。这位著名小说家在《怀四十岁的志摩》一文中,如此称道这段曾引起世人争议的婚恋:

若在进步的社会里,有理解的社会里,这一种事情,岂不是千古的美谈?忠厚柔艳如小曼,热烈诚挚若志摩,遇合在一起,自然要发放火花,烧成一片了,哪里还顾得了纲常伦教?哪里还顾得了宗法家风?当这事情正在北京的交际社会里成为话柄的时候,我就佩服志摩的纯真,与小曼的勇敢,到了无以复加。……没有办法,五百年的风流冤孽债!

他甚至还套用电影《三剑客》的一句台词说,"假如我马上死去,我死前的愿望就是做一篇伟大的史诗,来赞美志摩和小曼的爱情。"有人说,这真是"惺惺惜惺惺"了。

志摩和小曼终于战胜了"懦怯的世界",赢得了他们的爱情。两人结合后的生活是幸福的,陆小曼说:"我们从此走进了天国,踏进了乐园。"不久,他们回到南方老家,徐家在硖石镇上为新人盖了新屋。在那年年初的"分家"中,申如公将他名下的家产分为三份:一份归他自己和夫人养老，一份给张幼仪和欢儿，一份给志摩与小曼。新婚夫妇对这样的安排自然不会有意见，他们能为这个大家庭接受，已经是不容易了。然而，使他们喜中添忧的是，当他们双双踏上家乡的土地，徐家父母却像有意回避似的离开了硖石——申如公夫妇带着长孙阿欢去北京，同在那里发展事业的张幼仪一起过日子了。"迟到"的陆小曼不可能不从中感觉到疏远和怠慢：在徐家长辈的心底里，还是没有她的位置。

　　这一叶满载着"浪漫之爱"的幸福小舟，能长久地飘摇在"乐园"和"天国"里吗？命运的悬帆下，还会有怎样的风雨雷电向他俩扑来？

在《晨报副刊》上

　　徐志摩1925年早春去欧洲旅行前，曾在北京大学教了半年书，为出国他辞去教职，回来后，应《晨报》主编陈博生、黄子美之邀，接替孙伏园担任《晨报副刊》的编辑工作。同年9月，走马上任，10月1日，他编的第一期副刊与读者见面了。他在当天发表的编者寄语《我为什么来办，我想怎么办》中开宗明义地说："我自问不是一个会投机的主笔，迎合群众的心理我是不来的，谀附言论界权威者我是不来的，取媚社会的愚暗与褊浅我是不来的；我来只认识我自己，只知对我自己负责任，我不愿意说话你逼我求我我都不能不说的：我来就是个全权的记者，……并且恐怕常常要开口。"

　　办刊物，是徐志摩早就有的志向。几年来他同一帮朋友们筹办《理想》、策划《新月》，中文、英文，酝酿过好几个，但都没有办成功。如今手上有了这张在全国都很有影响的《晨报副刊》，自然是有了用武之地。因此他坦诚地向他的读者交心，说明他的办刊方针，特别寄希望于"这个时代的青年"；同时他也倚仗他在学术界、文化界的广泛结交，热情积极地向许多著名的学者、作家和社会人士约稿。虽说只是一张四开小报，每周发表三万多字，但已使他从早到晚忙个不停。自1925年秋天，到1926年10月中旬，整整一年时间，正在为"浪漫之爱"而奋斗的诗人，也为"晨副"这个"五四"新文化运动中著名的"四大副刊"①之一，付出了大量心血与汗水。用他在《再剖》一文中表白的话来说：

　　不知那时间为什么原因我竟有那活棱棱的一副勇气。我宣言我自己跳进了这现实的世界，存心想来对准人生的面目认他一个仔细。我信我自己的热心(不是知识)多少可以给我一些对敌力量的。我想拼这一天，把我的血肉与灵魂，放进这现实世界的磨盘里去捱，锯齿下拉，——我就要尝那味儿！只有这样，我想才可以期望我主办的刊物多少是一个有生命气息的东西；才可以期望在作者与读者之间发生一种活的关系；才可以期望读者们觉着这一长条报纸与黑的字印背后，的确至少有一个活着的人与一个动着的心，他的把握是在你的腕上，他的呼吸吹在你的脸上，他的欢喜，他的惆怅，他的迷惑，他的伤悲，就比是你自己的，的确是从一个可认识的主体上发出来的变化——是站在台上人的姿态，——不是投射在白幕上的虚影。

　　读者在"晨副"这个万众瞩目的新文化园地上所看到的"主笔"，的确是一个新的形象。他并非是那个飘浮在半空中的"康桥学子"了，而是一个已经面对现实人生的新文化工作者。他将手中散发油墨清香的报纸，当成了鼓吹他心中

①"四大副刊"系指《京报副刊》、《民国日报·觉悟》、《时事新报·学灯》和《晨报副刊》。

"理想"的喇叭；每一块白纸黑字的版面，都是托起他望中
"新月"的阶梯。没有多少时间，这位已声誉鹊起的诗人编
辑，就团结一帮新诗人，在他主办的《晨报副刊》上开辟了
一个题名叫《诗镌》的专栏，专登新诗作品，探索新诗理
论，介绍外国诗歌。这个"五四"以后寥若晨星的新诗专刊
的问世，受到了新诗界和广大青年读者的热烈欢迎，虽然前
后只出了11期，但成绩斐然，影响深远，为中国新诗在20年
代中叶的发展，树起了一道醒目的里程碑。

　　那时正是新诗人闻一多从美国学成归来不久，徐志摩非
常欣赏一多在诗集《红烛》中表现出来的诗才，他们相识于
1925年8月，共同的志趣、诗人的坦诚，使两人一见如故。
比一多大四岁的志摩不仅帮一多介绍工作，而且对他和一
些年轻诗友提出的创办诗刊的计划全力支持。1926年4月，
"晨副"上登出《诗镌》第一期，徐志摩写了发刊词，鲜明
地提出"我们的大话是：要把创格的新诗当一件认真的事来
做"，并且预言"我们这民族这时期的精神解放或精神革命
里没有一部诗式的表现是不完全的"，"我们信我们的新文
艺，正如我们的民族本体，是有一个伟大美丽的将来的"。
在这期纪念"三一八"惨案专号上，还发表了徐志摩的诗
《红梅争春》：

　　　南方新年里有一天下大雪，

　　　我到灵峰去探春梅的消息；

　　　残落的梅萼瓣瓣在雪里腌，

　　　我笑说这颜色还欠三分艳！

> 运命说：你赶花朝节前回京，
> 我替你备下真鲜艳的雪景：
> 白的还是那冷翮翮的飞雪，
> 但梅花是十三龄童的热血！

　　诗人对段祺瑞执政府屠杀请愿学生的满腔义愤，在字里行间清晰可见。同一期上，还发表闻一多的文章《文艺与爱国》，饶孟侃、杨世恩、蹇先艾、刘梦苇、闻一多等人纪念"三一八"的诗。

　　《诗镌》对于中国新诗的最大贡献，是它的作者们致力于新诗格律化的理论探讨和创作实践。闻一多的诗论《诗的格律》系统阐述新诗艺术中的"建筑美、音乐美、绘画美"问题，对于"五四"白话诗流行后过于散漫的创作倾向，给予了及时的针砭，将新诗形式美和现代汉语诗韵的研究提升到一个新的高度，成为新诗史上的重要文献。而《诗镌》上发表的近百首诗作，像闻一多的《死水》、朱湘的《采莲曲》等名篇，更是成功地实践了这批新诗坛上的先行者提出的建立新格律、新诗学的理论主张，为后继者提供了宝贵的经验和借鉴。朱自清在总结"五四"新文学第一个十年的新诗成绩时，这样评价《晨报副刊·诗镌》倡导新格律诗的贡献：

　　他们真研究、真试验；每周有诗会，或讨论，或诵读。梁实秋氏说："这是第一次一伙人聚集起来诚心诚意的试验作新诗。"虽然只出了十一号，留下的影响却很大——那时大家都做格律诗；有些人前极不顾形式的，也上规矩起来了。"方块诗""豆腐干块"等等名字，可以看出这时期有的风气。

作为诗人的徐志摩，当然也领略了这种自觉追求新诗格律的"风气"之先，并以此受惠于自己的创作。他曾说："我的笔本是不受羁绊的一匹野马，看到了一多严谨的作品我方才憬悟到我自己的野性；但我素性的落拓始终不容我追随一多他们在诗的理论方面下过任何细密的功夫。"其实，这是他的谦辞，他在这一时期写出的《半夜深巷琵琶》和《偶然》等诗篇，在音韵的谐和、自然，字句和形式的匀齐、均衡上，都非常出色，而又丝毫不妨碍他那在饱满情绪和平白如话中旋舞的潇洒风姿——这看似轻松的诗人之"独步"，正融合着他已化入内在的"细密功夫"。也是在这个时期，志摩的第一本散文集《落叶》由北京北新书局出版。

1926年6月中旬，因暑假临近，《诗镌》同人多外出约稿不便而停刊。徐志摩同另一批文友余上沅、赵太侔、张嘉铸等共同努力，在《晨报副刊》的版面上开辟了一个新专栏《剧刊》。

早自当年成立"新月社"起，志摩就热心于各种演剧活动了，他爱看戏、演戏，也编写、翻译剧本，旅欧期间他又饱看了所到之国的许多名剧演出。闻一多、余上沅、赵太侔留美回来后，他们在一起最初研究的也是如何振兴戏剧、倡导戏剧的艺术化问题，现在"晨副"空出了这块诗的园地，正好被这群新戏剧提倡者当成了登高一呼的舞台。在6月17日出版的第一期《剧刊》上，徐志摩就借发刊词《剧刊始业》，敲了一通开场锣鼓，向全社会公布了《剧刊》同人的努力方向：

一、宣传新剧引起社会的同情与协助；

二、讨论各种派别的表现法；

三、批评研究中外名剧；

四、进行具体的技术研究；

五、推动创作。

当时正是新戏剧(话剧)在中国初创，由早期的文明戏向"艺专的戏剧"转换、进步的阶段。晨副《剧刊》的出现，鼓舞和团结了许多志同道合的新戏剧理论和创作的积极分子。徐志摩、余上沅、赵太侔、梁实秋、邓以蛰、熊佛西、张嘉铸等一批人，在《剧刊》上发表了多篇文章，对轻视戏剧、阻碍戏剧健康发展的旧观念给予批驳和纠正，大力宣传戏剧是改良社会与人生的"正宗艺术"，从而确立和提高了戏剧在公众心目中的地位。《剧刊》还通过介绍外国戏剧、探讨话剧理论和各类创作问题、普及新剧知识，进一步扩大新戏剧在知识界和社会舆论中的影响，为我国现代话剧的趋向成熟和发展壮大作出了积极的贡献。志摩作为"晨副"主笔、《剧刊》同人中出力最多的召集者和联络者，功不可没。

9月23日，《剧刊》出到第15期时，宣布停刊，原因也同《诗镌》的结束一样。其时，徐志摩正忙着筹备与陆小曼结婚，连一篇《剧刊终期》的告别词也没有写完，留给了余上沅续尾。10月中旬，志摩和小曼双双南下，请瞿菊农代理编务。不久，他就正式辞去"晨副"主笔之职。

天真的"和事佬"

　　徐志摩主编《晨报副刊》的工作，并不仅在《诗镌》和《剧刊》这两个新栏目的创办上。在他执编期间，"晨副"上发生过两次颇有影响的文字争论，波及到许多不同观点、倾向的知识分子和文化团体，也波及到其他报刊，一时十分热闹，徐志摩也成了论战中引人注目的角色。从形式上说，就像拳击场上腾身挪步于对垒双方之间的裁判员一样，身为主笔的他只要起到组织、促进、监视，必要时发挥"和事佬"的作用就可以了，但实际上并非如此，自认为带着一股"活棱棱的勇气跳进了这现实世界"的徐志摩，还是经常按捺不住，将他自己的政治态度、思想倾向、文化见解，直至他那真率而又莽撞的"诗人脾性"，通过副刊文章的编排、取舍和编者按语等等，明显地表露了出来。

　　第一次争论是从"晨副"的《社会》栏上开始的。那时志摩刚上任不久(1925年10月6日)，发表了署名陈启修的《帝国主义有白色和赤色之别吗？》，文中赞扬了苏维埃政权，肯定苏联"是我们的朋友"。两天后，同样在此栏内，以头条位置刊登张奚若的《苏俄究竟是不是我们的朋友》，反驳陈文，认为苏联对中国的态度是"假共产为名，为自己的私利"，"虽不是帝国主义式的敌人，我们防备他比防备帝国主义式的敌人更应该严密一点"，并且说："我在这里顺便劝告《晨报》主人一下：一个报对于社会上的重大问题要有一种一贯的主张，不但要在正张的新闻栏留心，也要在副张的论说上留意，不要使敌人的宣传品乘机混入。"一个星期后，徐志摩有条件地接受了张奚若的"劝告"，在文艺栏内特设《关于苏俄仇友问题的讨论》和《仇友赤白的仇友赤白》两个专栏，集中发表不同意见的文字，接着又在《社会》栏推出《对俄问题讨论专号》，从而引发和推动了这场带有明显政治色彩的思想大论战，在持续的近两个月里，共发表文章近三十篇。

在这场争论中，作为编辑的徐志摩从一开始就声明：

我个人自信是无成见的。我天天抓紧了拳头问这时代要的只是忠实的思想。……我恨一切私利动机的活动，我恨作伪，恨愚暗，恨懦怯，恨下流，恨威吓与诬谄。我爱真理，爱真实，爱勇敢，爱坦白，爱一切忠实的思想。①

对于这个事关"中俄邦交"和"中国将来的国运"的大问题，徐志摩本人自然是关心而且是有他"忠实的思想"的。从他不久前写作的《欧游漫录》里报道苏俄近况和个人观感的文字中，已能看出他对工农革命所带来的"灾难性"破坏，抱有恐惧和怀疑的态度。在眼下的"仇友赤白"之争

———————————
①徐志摩《仇友赤白的仇友赤白》。

中，虽然碍于"主持人"的身份，不便于"放言"，但还是在按语中表现出对张奚若等人排斥苏俄论调的首肯，称道他们的"意思是极恳切的"、"见解至少是独立的"、"不含别的动机的"，在"对垒"双方的文章数量和发表规格上，也能看出他并非中立而是偏袒一方。尤其是争论过后，1926年1月21日的"晨副"上，他针对曲秋(陈毅)《纪念列宁》一文(系陈毅在列宁学会演讲稿，曾油印寄各报)，发表《列宁忌日——谈革命》，毫不掩饰地说："我个人是怀疑马克思主义阶级说的绝对性"，对于列宁"我却并不希望他的主义传播"，"青年人，不要轻易讴歌俄国革命，要知道俄国革命是人类历史上最惨刻苦痛的一件事实，有俄国人的英雄性才能忍耐到今天这日子的。这不是闹着玩的事，不比趁热闹弄弄水弄弄火捣些小乱子是不在乎的"。由此可见，他在政治问题上的倾向，是十分清楚的。

正当第一次国内革命战争时期，南方的革命风雷激荡，北方论坛上的这场思想论战显然不是空穴来风。国内许多政治派别的观点，在"仇友赤白"的交锋中都有所反映，梁启超、刘勉己、张慰慈、李璜、陶孟和、丁文江等著名人士均参与了论争。倾向于亲善苏联的文章有：《阿那玛——一个试验共产制度的社会》(张慰慈)、《联苏联的理由》(陈翰笙)、《中国对苏联的政策应当如何》(陈启修)等篇，虽然数量不多，但在这场处于劣势和没有结论的论战中，还是起到了进步的舆论宣传。从客观上来说，这样的思想论争，还是有它积极的意义的。

另一场论战，爆发在1926年初，它的导火线却要从两年前说起。

自1925年5月，北京女子师范大学风潮迭起，到次年5月，学生与校长杨荫榆之间的冲突愈演愈烈。鲁迅等一批女师大教员支持学生的正义行动，这年5月12日的《京报副刊》上发表鲁迅《忽然想到(七)》，文中公开表示对女师大学潮的看法，斥责杨荫榆等人倚仗权势和军警开除和迫害手无寸铁的学生的行径，鼓励学生们坚决斗争，要做到"对手如凶兽时就如凶兽"。不久，由鲁迅起草，马裕藻、沈尹默、钱玄同、沈兼士、周作人等七名教员署名的《对于北京女子师范大学风潮宣言》在《京报》上发表。同是北京学界人士的陈西滢，却在《现代评论》上刊登的《闲话》中对此进行攻击，说女师大风潮之起，缘于北京教育界势力最大的"某籍某系"的人在暗中挑动。显然这是指国文系的浙江籍一批教员，因为发"宣言"的七人中有六名浙江人。面对"现代评论"派的攻击，鲁迅、周作人等也决不留情，双方以《京报副刊》、《莽原》和《现代评论》为主要阵地，展开了激烈的论战。

1926年1月13日，徐志摩在《晨报副刊》上发表了《〈闲话〉引出来的闲话》，称赞陈西滢在《现代评论》上的《闲话》是"一篇可羡慕的妩媚文章"，说只有他"才当得起'学者'的名词"，"他学的法郎士对人生的态度，在讽刺中有容忍，在容忍中有讽刺；学的是法郎士的'不下海主义'，任凭当前有多少引诱，多少压迫，多少威吓，他还是他的冷静，搅不混的清沏，推不动的稳固，他唯一的标准是理性、唯一的动机是怜悯"。周作人看了徐文，很是不满，立即写了篇《闲话的闲话之闲话》投寄给《晨报副刊》，文中讥讽徐志摩头脑不清，说他"是诗人眼，飘来飘去到处只见红的花、圆的月、树林中夜叫发痴的鸟"。徐志摩接到这来者不善的信稿，不慌也不恼，仍用他那双"诗人眼"观之，照登不误。就这样，"战火"被他引到自己的身边，一场关于"闲话"的文人笔仗，也在《晨报副刊》上开战了。

1月20日，"晨副"发表徐志摩的《更添几句闲话的闲话乘便妄想解围》，针对周作人的责难，辩解说：写《〈闲话〉引出来的闲话》时，"'压根儿'没有忖到这杆笔写下去是夸奖西滢的一篇东西"，"压根儿也没想到女师大一类的关系"；又说"我实在始终不明白我们朋友中像启明(周作人)与西滢一流人何以有别扭的必要——除非你相信'文人相欺'是一个不可动摇的根性"。接下去，这位似乎是不偏不倚的天真诗人，还故意腆着脸面，半开玩笑似地说道：

"我来做一个最没有出息、最讨人厌的和事佬，朋友们以为如何？"

然而事情并没有到此为止。因为他自己也没有履行诺言，1月30日的"晨副"竟以整个版面，刊发了一组关于"闲话"论战的通信，满版是主持人徐志摩和他的朋友陈西滢的文字。虽然也说了一些周作人同陈西滢之间的"意见不和"并不是"什么深仇大恨，应当可以消解"的漂亮话，并且呼吁"停战"，声明本刊以后不再登载这方面的文字，但实际上"褒陈抑鲁"的态度非常明显，无异于"火上浇油"，帮闲滋事，因此这一期"晨副"曾被人称之为"攻周专号"，它的矛头是指向"周氏兄弟"的，尤以鲁迅为甚。

　　首先是徐志摩在《关于下面一束通信告读者们》的编者按语中说：陈西滢"《闲话》里对时事的批评，我也是与他同意的时候多"。"鲁迅先生我是压根儿没有瞻仰过颜色的"，"鲁迅先生的作品，说来不大敬得很，我拜读过的很少"，"他平时零星的东西，我即使看也等于白看，没有看进去或是没有看懂"。继而，陈西滢在被公开的《致志摩》的信中，骂鲁迅是"做了十几年官和刑名师爷"和"刀笔吏"，指责鲁迅"散布谣言，捏造事实，放冷箭"，甚至不惜使用人身攻击的语言，重新挑起在女师大风波中的"积怨"。这样做的结果，当然招致"周氏兄弟"的反击，鲁迅以《不是信》为题，在《语丝》周刊上撰文予以批驳，并以轻蔑的口吻说，自己所遭遇的"不过是几个家丁"的叫骂，刚"爆发"出来，却"又即刻掩了起来，关上大门，据说'不再打这样的笔墨官司了'"。如此疾言，不啻是给"和事佬"一个很厉害的眼色。

　　有意思的是在徐志摩看来，这个和事佬的角色还是要当的。他在2月3日的"晨副"上发表了《结束闲话，结束废话》一文，再次呼吁"停战"："让我们对着混斗的双方猛喝一声，带住！……让我们往升华的道上走，现在需要勇士的地方正多着哪，为国家，为人道，为真正的友谊——别在死捧显微镜，无限的放大你私人的意气！"他还致函周作人，强调"闲话"之争"有从此结束的必要，拟由两面的朋友出来劝和"，又很担心地说"只有令兄鲁迅先生脾气不易捉摸，怕不易调合，我们又不易与他接近，听说我与他虽素昧平生，并且他嘲弄我几回我并不曾还口，但他对我还像是

有什么过不去似的，我真不懂，惶恐极了。我极希望开罪所在，要我怎么才过我都可以，此意有机会时希为转致。"对于一个心高气傲的浪漫诗人来说，这样的"恭谦"也实在是太为难他了，显然他并不明白他的"升华"论里是包涵着"各打五十大板"不问青红皂白的糊涂观念的。

好些年后，周作人在《志摩纪念》一文中，回忆到与诗人的交往，曾感慨地说："志摩这人很可爱，他有他的主张，有他的派路，或者也许有他的小毛病，但是他的态度和说话总是和蔼真率，令人觉得可亲近，凡是见过志摩几面的人，差不多都受到这种感化，引起一种好感"；还说"就是有别派的作家(对他)加以攻击，我相信这所以招致如此怨恨者也只是志摩的阶级之故，而决不是他的个人"。从这些话里，也可以看出当年的"和事佬"所给予人的印象，"阶级"一说，似也入木三分。但在另一些原则问题上，如"三一八"惨案中对学生的同情、对屠杀者的憎恶，徐志摩的态度是鲜明的。在同封建文化复古与倒退行为的斗争中，他也不失新文化人士的进步立场，发表在1925年底的《守旧与"玩旧"》对"孤桐先生"章士钊的批评，就表现了他的锋芒和锐气。

新月弯弯

时间的脚步跨进了1927年。同陆小曼在上海安下新家的徐志摩，元旦那天，写下了这样一篇意味深长的日记：

愿新的希望，跟着新的年产生，愿旧的烦闷跟着旧的年死去。

新月决定办，曼的身体最叫我愁。一天二十四小时，她没有小半天完全舒服，我没有半天完全定心。

给我勇气，给我力量，天！

其实，最让"而立之年"的诗人发愁的，不仅是"曼的身体"，还有她从京城交际圈带入十里洋场"变本加厉"了的生活方式。陆小曼过惯了娇宠、游乐的懒散日子，上海滩上光怪陆离的花花世界，使她如鱼得水，她结交新朋友，出入歌厅舞楼，下海玩票友、捧戏子，倚仗着丈夫对她的迁就，似乎也出于对志摩家人轻慢的愤懑，肆意挥霍、享受，使得早先指望能同心上人一起过清静生活、奔远大前程的天真汉难以招架，只得以"爱是建设在忍耐与牺牲上面"的话来安慰自己。但志摩毕竟是"志摩"，诗人的心中依然闪烁着皎洁的希望，孕育着圆满的企盼——这就是出现在他日记中的，召唤、鼓舞着他"力量"与"勇气"的"新月"。

当年成立在北京的"新月社"已经风流云散，因为时局的动荡，许多旧友新朋纷纷南迁，在上海经常聚会的就有：胡适、闻一多、余上沅、梁实秋、潘光旦、叶公超、丁西林、邵洵美诸人。这是一群包括了多种学科、大多有欧美留学背景的年轻知识分子，他们不满现状又不甘寂寞，怀抱匡时济世之心，聚会中的话题常常离不开"中国往何处去"，久之便产生了办一个杂志宣传自己主张的想法，刊名是徐诗人提议的，就叫《新月》。

文人办刊物并非易事，为了打好经济基础，他们决定先招股集资合开一家书店。大家推胡适为董事长，余上沅为经理。1927年7月1日，上海法租界开张了一家新月书店。"新月"这个名字，先于刊物跳进了读者的眼帘。店面虽不大，生意却颇兴旺。徐志摩将自己人头熟、路子广的社会关系，用在书店事务上，为沟通意见、维护团结，做了许多工作，成为这个松散集体中的"事实上的灵魂"。

在创办《新月》月刊的过程中，志摩也是出力最多者。该刊创刊号于1928年3月10日问世，发刊辞《新月的态度》出自诗人手笔，当然也代表了同人们的意见。这是一篇文情并茂的"美文"，在解释刊名时，作者说：

我们舍不得新月这个名字，因为它虽则不是一个怎样强有力的象征，但它那纤弱的一弯分明暗示着、怀抱着未来的圆满。

我们这几个朋友，没有什么组织除了这月刊本身，没有什么结合除了在文艺和学术上的努力，没有什么一致除了共同的理想。

凭这点集合的力量，我们希望为这时代的思想增加一些体魄，为这时代的生命添厚一些光辉。

但不幸我们正逢着一个荒歉的年头，收成的希望是枉然的，这又是一个混乱的年头，一切价值的标准，是颠倒了的。

要寻找荒歉的原因并且给它一个适当的补救，要收拾一个曾经大恐荒蹂躏过的市场；再进一步要扫除一切恶魔的势力，为要重见天日的清明，要浚治活力的来源，为要解放不可制止的创造的活动——这项巨大的事业当然不是少数，尤其不是我们这少数人所敢妄想完全担当的。

接下去，作者就在"贡献一个谦卑的态度"的名义下，对当时的文坛(他称之为"思想市场")来了个"左右开弓"的全面扫荡，将他所"不容"的"刊物内容"列为十三个"派别"：从伤感派、颓废派……一直"批"到标语派、主义派，数落各种"病态"的症候、提示"弊端"的由来；然后，才堂而皇之地宣言：

我们对我们光明的过去负有创造一个伟大的将来的使命；对光明的未来又负有结束这黑暗的现在的责任，我们前面说起过人生的尊严与健康。在我们不曾发见更简赅的信仰的象征之前，我们要充分的发挥这一双伟大的原则——尊严与健康。尊严，它的声音可以唤回在歧路上彷徨的人生。健康，它的力量可以消灭一切侵蚀思想与生活的病菌。

徐志摩

　　作为"新月派"行动纲领的这篇发刊辞，显然发挥了徐志摩夸大其辞、否定一切，幻想以超然态度脱离现实"回复天性"的文艺主张，因此很快就遭到来自几个方面的反驳，其中影响最大的是鲁迅、彭康、冯乃超等人的批评文字。而《新月》杂志所表现出来的政治思想面貌，一度既反对国民党，又与共产党对立，所以在当时也曾被认为是"第三种力量"的声音，《新月》同人乐于看到自己"力量"和"地位"的显示，尽管这样一条中间路线是不可能走远的。

　　忙于《新月》编辑事务的徐志摩，也迎来了自己文学创作的又一季收成。1927年8月，他的第二部散文集《巴黎的鳞爪》由新月书店出版；9月，他的第二本诗集《翡冷翠的一夜》又接踵问世。此时正当志摩、小曼结婚一周年，他在诗集的序言《致小曼的信》上郑重地写下："我爱，请你留了它，只当它是一件不稀奇的古董，一点不成品的纪念。"渴望着摆脱"旧的烦闷"的诗人还惆怅地说："我如其曾经有过一星星诗的本能，这几年的都市生活早就把它压死了，这一年间我只淘成了一首诗，前途更是渺茫……"他仍将"浪漫之爱"的实现，视为年来唯一"淘成的诗"，而对自己在难得"定心"的环境里创作能力的衰颓，产生了少有的恐慌预感。

　　平心而论，收入36首诗作的新诗集．仍然是徐志摩诗歌创作成熟期的一座丰碑。他一生中的许多优秀作品，特别是1925年他的诗产量最高的年份(44首)中相当多的一部分(17首)，构成了这本诗集的主干，延续着他早期诗歌热烈跳荡的青春血脉，给人以明快和亮丽的美感；而主编"晨副"时期与现实社会的磨擦碰撞、情感世界的复杂变化，也给诗人笔下带来新的题材、新的慨叹，生命之流在坎坷中的迂回和沉积，使他的歌唱变得抑郁、凝重起来，也增添了一份隽永和蕴涵。尤其可喜的是，同闻一多等诗友的艺术切磋，使这匹新诗王国里的"野马"好像订造出了隐形的鞍辔，在口语化和格律化的"双轨"上都有了新的突破，形成了"徐志摩诗风"中那罕见的仿佛是出于天籁、其实是深藏着"人工"的优美旋律。

在口语化方面，《大帅》《新催妆曲》《半夜深巷琵琶》等写得很成功。这些反映生活面截然不同的诗作，都有一股"活棱棱"的生机从极富个性化又是诗化的"说词"中冒出，或角色对白，或主人公自语，或诗人倾诉，为我们留下了那个动荡年代的栩栩身影，也为"白话诗"这个因白话入诗而难免枝蔓的新生文体，提供了高水平的"口语化"创作蓝本。

徐志摩更大的贡献还在于糅和着意象、情思和复调主题的现代汉语"诗律"的创造，这种由音节、声韵在回旋往复中形成的"情感流"和诗节奏，是永存于他诗创造中的活的财富和"语言密码"，给予今后新诗人的影响将是深远和长久的。在《翡冷翠的一夜》中，除了诗集的题名诗是这方面的成功之作外，像《偶然》《海韵》《庐山石工歌》等篇中，也都能看出诗人在攀登诗歌艺术高峰中所留下的鲜明足迹。

值得一提的是《偶然》，这首只有十行的小诗，曾被诗人自认为是他"最好的诗"，全诗如下：

我是天空里的一片云，

偶尔投影在你的波心——

你不必讶异；

更无须欢喜——

在转瞬间消灭了踪影。

你我相逢在黑夜的海上，

你有你的，我有我的，方向；

你记得也好，

最好你忘掉，

在这交会时互放的光亮！

　　匀称的句式，和谐的节奏，在天海云水之间，表现的是人生"动若参与商"的千古惆怅，还是知音难求、"转瞬"即失的爱的悲歌？只有一点是肯定的，在这"偶然"中"相逢"的"你"和"我"，曾经有过"交会时互放的光亮"！这是诗人的点睛之笔，也是他"记忆和想像"的中心，他赋予读者的美感与诗意也是这道"光亮"所呈现的彩虹波谱。

　　《偶然》发表于1926年5月27日的《晨报副刊》，写作时间应在此前近期，那时诗人还在同陆小曼热恋，小曼已挣脱羁绊来到他的身边。"你有你的，我有我的，方向"，显然不是他们之间的关系。据林徽因之子梁从诫回忆，"母亲告诉过我们，徐志摩那首著名的小诗《偶然》是写给她的，而另一首《你去》，徐也在信中说明是为她写的，那是他遇难前不久的事。从这前后两首有代表性的诗中。可以体会出他们感情的脉络，比之一般外面的传说，确要崇高得多。"①

---

①梁从诫《倏忽人间四月天——回忆我的母亲林徽因》。

1925年前后，徽因正在美国读书，1928年返回。志摩做此诗时，心中的思念之情与她"相逢在黑夜的海上"是极有可能的，那的确是一种人类情感的升华，所以才能化为美好的诗句，叩动无数读者的心弦。

现实世界中的《新月》杂志，却不如理想的那样顺利。除了来自外部的批评和责难，同人之间也常有意见不合的时候。在编辑方针上，徐志摩一直坚持月刊的文艺色彩，与胡适、罗隆基等人主张办成一个政治思想阵地，存在着分歧。他也不像梁实秋那样热衷于文艺论争，而是更多地注重创作与翻译。但同人中对于他作为主编的独断作风，亦时有不满，终于在编完15期《新月》后，诗人卸下他肩上的担子，那是1929年7月。

作为"新月派"的中坚和代表人物，徐志摩在20年代中后期出现的这个上层知识分子文艺圈子里，是非常活跃的。他那独特又悠扬的诗之琴音，曾长久回荡在纷扰又急剧变化着的岁月走廊里，似已失去了早年的乐观调子，有点悲怆，更多的却是茫然。最典型的例子，要数他写的同那篇《新月的态度》一起发表在《新月》创刊号上的诗《我不知道风是在哪个方向吹》。这首诗中的意境，既是他本人内心世界的真实写照，也是他所代表的理想和追求在中国社会现实中必然"碰壁"并"黯淡"下去的一个象征：

　　我不知道风
　　是在哪个方向吹——
　　我是在梦中，
　　在梦的轻波里依回。

徐志摩

我不知道风
是在哪个方向吹——
我是在梦中，
她的温存，我的迷醉。

我不知道风
是在哪个方向吹——
我是在梦中，
甜美是梦里的光辉。

我不知道风
是在哪个方向吹——
我是在梦中，
她的负心，我的伤悲。

我不知道风是
在哪个方向吹——
我是在梦中，
在梦的悲哀里心碎！

我不知道风是
在哪个方向吹——
我是在梦中，
黯淡是梦里的光辉。

第三次出国

　　不满于都市尘嚣对"诗的本能"的压抑，不满于陆小曼婚后生活的浮靡，诗人将他渴求的目光，投向辽阔海天和大自然怀抱中的精神家园。1928年6月15日，徐志摩第三次出国，从上海乘船经日本赴美国，再从那里横渡大西洋去欧洲。游历了英、德、法、意诸国后，穿过地中海抵印度，逗留三周后，坐船离印经南洋回国。

　　这次历时半年的环球之旅，可谓是志摩飘泊生涯的"旧梦重温"。除了印度是他第一次访问外，其它地方均为他早年足迹所至：那里有他求学的母校与相知的故交，有他诗情的萌动与梦幻的寄托，有他青春的蓓蕾与至爱的影子……仿佛，潜意识里有一个声音在召唤着他"回去！回去！"——这是一千五百年前那个向东晋前辈陶渊明发出"田园将芜胡不归"的声音吗？还是上个世纪那个使徐诗人最崇拜的英伦才子雪莱和拜伦客死异乡的呼唤？看来都不像，但都又有些"沾边"，因为徐志摩的这次远游，未尝不跟他渴望寻回失落的"自我"、一心想去拥抱他所思念所向往者有关，而他心中的那片憧憬——从对"康桥"的再会，到对老戈爹及其助手恩厚之在印度和英国建立的两个"农村实验基地"的踏访，更牵动着他整个身心……从这个意义上来说，"第三次出国"真像是二年后即离开世间的诗人回首往事、再走当年路，充满了柔情、缱绻和富有理想色彩的一趟"追怀"与"惜别"。传世之作《再别康桥》就诞生于这次旅行，正是由于它艺术地浓缩和投映了这未雨绸缪似的离情别绪，才成为徐志摩留给中国新诗最珍贵的纪念。

徐志摩是怀着对陆小曼的挚爱与期待登上旅程的。船离上海港才一天，他就写了一封很长的家书，向妻子报告船上生活、旅途见闻，絮叨自己对"乖囡"(指小曼)的想念，叮嘱她"晚上早睡，白天早起，各事也有个接洽"，还鼓励她"写一两个短戏试试"。在开往东京的火车上，他也不忘写信时提醒小曼"上海的生活想想真糟，陷在里面时，愈陷愈深，自己也不觉到最危险，跳出时就知道生活不应该是这样的"，"一无事做是危险的，饱食暖衣，无所用心，决不是好事"。五个多月中，志摩从世界各地给他"亲爱的眉"发了一百封信，详细记录了这次游历行踪，倾吐他心中的千言万语。可惜的是，仍旧贪图享乐、毫无转机的陆小曼将夫君的劝告置之脑后，不但自己懒于提笔，而且将诗人寄回的万里家书也随意乱扔，到他返国时竟遗失得所剩无几，以致后人在研究和叙述徐志摩这段有重要意义的四海行程时，缺少了这份难得的"第一手资料"。

经过在日本的短暂停留和太平洋上的航行，徐志摩于7月5日到达美国西海岸，再乘火车经芝加哥到纽约，他顺便拜望了自己的母校哥伦比亚大学。当时恰逢美国共和纪念日，举国同庆，十年前曾为美国人民的爱国热忱所感动的那个中国留学生，又一次受到这种民气、民心的感染，但想到万里外祖国的

现实，却难免沮丧。他在给已定居英国的恩厚之的信中说：①

厚之呀，经过这数年的两地睽违，我实在有许多关于中国和关于我自己的话要跟你倾吐。你知道，虽然国民党是胜利了，但中国经历的灾难极为深重，我自己也不是顶快乐。

与此同时，他还在致泰戈尔的另一位英籍秘书安德鲁的信中，提到他对国内时局的看法：

去年(1927年)春天，内战白热化，毫无原则的毁灭性行动弄到整个社会结构都摇动了。少数有勇气敢抗议的人简直是在荆棘丛中过生活，摸到脖子，就不禁因脑袋尚存而感觉稀奇了。

但一想到"老戈爹"，这位"素思玛"就心情豁然了：

德鲁兄，你不会说我夸张的，因为你知道，我以认识老戈爹为我一生最大的幸福，而自从跟他个人有了交往之后，我就一直生活和呼吸在他无所不透的人格感染之中。在世界发展到今天的日子，他的人格就是我们认识至圣至善的最直捷的通路。光明与荣耀都出乎此，但却是属于人间的，没有任何超自然的神秘成分。

徐志摩为什么如此推崇老戈爹呢？除了诗翁那历来为他所着迷的"高超和谐的人格"外，还因为泰戈尔同他的追随

①此信写于1928年7月20日。

者们多年来推行"农村建设计划"的"坚毅卓绝"。是这种"努力不懈，造福人群"的尝试使徐志摩看到了"希望之新月"在中国大地上照耀的前景——五年前他陪同泰翁访问山西时，阎锡山曾答应在晋祠农村提供"实验"场所，给予方便和支持。这几年里尽管形势多变、困难重重，但他同恩厚之等仍在为此事在联系和谋划，这次出国也是为了这番进香人式的"取经"与"朝觐"。诗人心中始终未熄灭他那理想主义的星光，只是有时"黯淡"有时"明亮"罢了。

因此，当8月中旬徐志摩离美抵英后，专程去英国南部的德温郡，参观恩厚之夫妇在那里按照泰氏理想蓝图建立起来的达廷顿庄园。两个月后，"素思玛"出现在老戈爹自己创办在印度苏鲁乡间的山迪尼基顿庄园，被诗人理想化了的这两个"农村建设实验基地"犹如他心中的绿色之梦，已经在辛勤的汗水浇灌之下扎根、生长了。他如此描绘他喜悦的观感：

我的访问已经结束。我能欣然的告诉你说，我的心真正是充满光明，钦仰和希望。从今已后，我能遥指英伦的达廷顿和印度的山迪尼基顿，点明这两个在地球上面积虽小，但精神力量极大的地方，是伟大理想在进行不息，也是爱与光永远辉耀的所在。想到已访问了两处使我获益良多的地方，我感到快乐。我现在动身回国——头脑中装满了知识，心怀中充满了感念。

还有一个使他"充满了感念"的地方，是他久别重逢的"康桥"。徐志摩到达伦敦后，就去剑桥"老家"——他的母校、故居和青春之恋的摇篮拜望了。风景依旧，韶光不再，诗人踏访沙士顿，寻梦拜伦潭，也许最能投契他此刻情怀的还是那夕照下三环洞如虹彩似的康桥：还记得我吗？河畔的金柳，软泥上的青荇；还认得我吗？斑斓的星辉，沉默的夏虫……当年那个衣袋里装着书本、手中挥动长篙在康河上溯游的年轻诗人呢？远去了，还是向"青草更青处漫溯"了呢？呵，在康河的柔波里，一颗洄游的诗心，竟萌动这样的愿望：做一条自由自在、任你的浪花亲吻的水草！

剑桥的师友没有忘记这位温和、儒雅又洒脱的东方游子。志摩去康华尔乡间拜会罗素夫妇，几年前海滨田园诗般的芬芳美景竟为一场黑压压的浓雾所取代，使诗人得到安慰的是主人全家的热情款待。为了共度难得相聚的好时光，哲学家与他的中国学生竟促膝谈心到凌晨两点，几乎忘记了时间。更使志摩感动的是他的恩师狄更生，这位当年将志摩介绍到皇家学院当特别生的恩师，由于不在剑桥，志摩亦不能久留，竟按着志摩的行程电报，从英国到法国，一个城市一个城市地追赶，终于在诗人欧游的最后一站马赛相见了。当徐志摩同狄更生拥抱、道别在这地中海滨的喧闹港城时，他的心中又怎能不"充满了感念"？

在印度与泰戈尔的会见，实现了他的朝思暮想，更有"宾至如归"之感。老戈多亲自主持了印度文化界同仁为欢迎志摩举行的茶话会，还邀请远来的中国客人去他自己创办的国际大学作一次讲演，这一天正当10月10日(农历八月二十七日)，既是"双十"国庆，又恰逢孔子生日和志摩、小曼结婚一周年。喜上加喜的欣悦和"天竺"取经的兴奋，使"素思玛"沉浸在无比激动中，他以英语作了关于孔子和儒家思想的专题报告。其实在他心目中，坐在他身边微笑着倾听的银髯飘拂、精神矍

徐志摩

铄的印度诗圣，不就是今日世界上一位能够为了自己的理想乘桴于海，孜孜以求，伟如泰岳般的当代孔子吗？

1928年11月6日，南中国海上风平浪静。无垠的蔚蓝中，偶有聒噪着的鸥鸟，呱呱追逐着远洋船舷边卷起的雪白浪花；甲板上有位身着长衫、神采飘逸的中国诗人在昂首吟哦。他想像着他就是在这碧海青天间轻轻飞掠着的一朵"云彩"——悄悄地来了，又悄悄地去了，那缠绵在心尖和指间又永远拂不去的，究竟是什么呢？他仿佛看见了由云层幻化出的康桥形影，听见了随天边浪涌和舷边鸥声而奏响的缪斯之琴音，一首如梦如幻如曲如画的优美诗作，便在这空阔的海天间问世了：

轻轻的我走了，
正如我轻轻的来；
我轻轻的招手，
作别西天的云彩。

那河畔的金柳，
是夕阳中的新娘；
波光里的艳影，
在我心头荡漾。

软泥上的青荇，
油油的在水底招摇；
在康河的柔波里，
我甘心做一棵水草！

那树荫下的一潭，
不是清泉，是天上虹，
揉碎在浮藻间，
沉淀着彩虹似的梦。

寻梦？撑一支长篙，
向青草更青处漫溯，
满载一船星辉，
在星辉斑斓里放歌。

但我不能放歌，
悄悄是别离的笙箫；
夏虫也为我沉默，
沉默是今晚的康桥！

悄悄的我走了，
正如我悄悄的来；
我挥一挥衣袖，
不带走一片云彩。

　　这首题名为《再别康桥》的抒情诗，经由同年12月10日出版的《新月》月刊发表，以其出神入化的诗境、洒脱又妩媚的诗情，赢得了无数的读者。

不甘沉沦

回国后的徐志摩发现，陆小曼身上并没有出现他所期待的"改良"和"新生"；相反，她同那个三教九流的朋友翁瑞午打得更火热了，在空虚、颓废的生活泥淖里越陷越深。

翁瑞午，常熟人，是一个会唱戏的房产掮客，喜欢结交文化人，被胡适称之为"自负风雅的俗子"。志摩夫妇在上海安家后，他即常来串门，陪小曼唱戏、打牌，稔熟起来。小曼体弱多病，翁瑞午正好有一手推拿绝活，系名医丁凤山嫡传，便常为小曼推拿治病，果然有效，病美人更离不开他了，宽衣解带亦不回避。小曼爱好绘画，这翁家藏画颇丰，又时以袖赠名画博其欢心。更可恶的是，翁瑞午竟以"治病"为由，引诱小曼吸食鸦片烟，致使小曼染上了阿芙蓉癖，两人常常对卧烟榻，隔灯传情。这样一来，原先就花钱如流水的陆小曼，等于在自家地板上凿了个欲壑难填的"无底洞"。婚后经济已自立的徐志摩，尽管兼做几份工作，教书、编书和写稿都有不菲的收入，但仍不敷家用。他是个通达又很要面子的人，对妻子只有规劝和忍让这两着，对外人则从不声言，连北京的朋友听到传闻，关心他、为他着急，他也总是泰然一笑，调转话题，乐呵呵地好像没事一般。

但在内心深处，自尝苦果的诗人当然品出了这"新生活"的滋味。在他的后期诗作《生活》里，留下了这样的歌吟：

阴沉，黑暗，毒蛇似的蜿蜒，

生活逼成了一条通道：

一度陷入，你只可以向前，

手扪索着冷壁的粘潮。

在妖魔的脏腑内挣扎，

头顶不见一线的天光，

这魂魄，在恐怖的压迫下，

除了消灭更有什么愿望？

作者以近乎诅咒的语言，刻划毒蛇和妖魔似的"生活"情状，也将"恐怖压迫"和"冷壁粘潮"中顽强"扪索、挣扎"的形影鲜明地烘托出来。诗人自己是不甘沉沦的，就在1929年秋天，这首诗发表于《新月》几个月后，他在上海暨南大学作的一次题为《秋》的演讲中，提到在当前混乱、变态、创作活动消沉的社会里，还鼓足勇气，寄语年轻人：

多多接近自然，因为自然是健全的纯正的影响，这里面有无穷尽性灵的资养与启发与灵感。这完全靠我们各个自觉的修养。我们先得要不做时代和时光的奴隶，我们要做我们思想和生命的主人，这暂时的沉闷决不能压倒我们的理想。……我们还是得努力，我们还是得坚持，我们的态度是积极的。

徐志摩正是以这种积极的态度去从事他"理想"的实践的。从达廷顿和山迪尼基顿两个"海外乐园"所带回的光明信念，还在鼓舞着他。回国不久，在恩厚之所提供的经济支持下，志摩与张彭春等人去江、浙两地农村进行考察调查，并向学农科的朋友征求意见。经过初步研究，将未来的"实验区"定在浙江农村，因为那里民风淳厚，受"文明"污染较少。在诗人的行动方案上，这"农村建设计划"是同设立学校、医疗队、救火队、蓄水池、合作社相联系的，还要兴办畜牧业和手工艺、提倡全民性的文艺活动。在很大程度上，跟徐申如在上一个世纪之交振兴乡梓的实业家宏图多少有些相似，不过由于国际名流的介入，增加了一点"乌托邦"理论色彩罢了。然而，在20年代末的中国，时局动荡，农村凋敝，依靠外援和一班徒有热情的书生来实施，再好的设想都难免落空。随着时间的推移，徐志摩向恩厚之报告计划进展情况的调门越来越低。1929年3月5日的信中说：

……痴心的梦想还是没有实现的机会。治安一事，即使在江、浙两省，甚至在南京城附近，也是没有保障的。绑票已乎蔓延全国，抢劫更不用说了。法律是虚设的。上海生活味同嚼蜡，有时更是可恨可厌，但要拂袖他往，却是难于登天，原因很简单：现在根本无路远逃，所以我们大伙儿都在这里搁了浅，实在有身不由己之感。

同数年前山西晋祠的那次努力归于失败一样，这一次后来还是"流产"了。

　　也是在那一年春天，泰戈尔路过上海，专程看望徐志摩夫妇，在徐家住了两天。志摩特地在家中为老戈爹布置了一间印度式房间，老诗翁看了却摇头，说就住你们夫妇俩的卧室。时日虽短，泰翁的风趣、慈祥、睿智，给他俩压抑已久的心灵带来了和谐与欢愉。志摩还请来蒋百里、胡适作陪，他们向泰翁报告了梁启超在年前病逝的消息和有关纪念活动，老诗人也为他几年前访华时结识的杰出人物的仙逝而感到悲痛。

　　三个月以后，远赴日本、美国游历讲演的泰戈尔返国途中又经过上海。老诗人在日、美都受到一部分"新人"的排斥。还遭到政府官员的刁难，心中非常不快，途中又生了一场重病。徐志摩接信后得知情况也十分焦虑，就在他去轮船码头接老戈爹那天，恰好路遇几年不见的郁达夫，他拉着这位老同学一起去码头。郁达夫后来记下了这个铭刻着当年中印诗坛"忘年交"深厚情谊的场面：

　　当船还没有靠岸，岸上的人和船上的人还不能够交谈的时候，他在码头上的寒风里立着——这时候似乎已是秋季了——静静地呆呆地对我说："诗人老去，又遭新时代的摈斥，他老人家的悲哀，是孔子的悲哀。"

　　……志摩对我说这几句话的时候，双眼呆看着远处，脸色变得青灰，声音也特别的低。我和志摩来往了这许多年，在他脸上看出悲哀的表情来的事情，这实在是最初也便是最后的一次。①

————————

① 郁达夫《志摩在回忆里》，文中有"似乎已是秋季了"句，与其他史料核对，应系作者误记。

达夫眼中"少有悲哀"的志摩，只是他外露的表面现象。随着与现实社会接触愈深，徐志摩常常为他目睹的人间惨状而惴惴不安。他曾在给恩厚之的信中，说到"我亲眼见到在死亡线上挣扎的北方，每一念及那边的情形，我的血液会骤然变冷"。1930年冬，他在北上途中，火车因故受阻停在陇海线上，他当即给小曼写家书，诉说自己的一路观感：

地在淮北河南，天气大寒，朝起初见雪花，风来如刺。此一带老百姓生活之苦，正不可以言语形容。同车有熟知民间苦况者，为言民生之难堪；如此天时，左近乡村中之死于冻饿者，正不知有多少。即在车上望去，见土屋墙壁破碎，有仅盖席子作顶，聊蔽风雨者。人民都面有菜色，镶手寒战，看了真是难受。回想我辈穿棉食肉，居处奢华，尚嫌不足，这是从何处说起。我每当感情动时，每每自觉惭愧，总有一天我也到苦难的人生中间去尝一分甘苦；否则如上海生活，令人筋骨衰腐，志气消沉，哪能说得到大事业！

诗人情动于中的"现身说法"，显然也是对陆小曼耽于享乐不知自拔的一种婉劝，只是他这番苦口婆心，难以牵动夫人那慵懒在烟榻上的身体，她的"魂魄"已经被腐蚀在"妖魔的脏腑"里了。

徐志摩没有虚度他的最后岁月，出于志愿也迫于生活，他几乎把全部精力都用在了工作和创作上。自1929年9月起，他应聘为南京中央大学教授，开设西洋诗歌、西洋名著选等课程，同时仍担任上海光华大学教授，讲授英国文学史、英文诗、英美散文、文学批评史。教书之外，他还做中华书局编辑，后又兼差大东书局。他开始在南京、上海之间来回奔波，一周三次沿着沪宁线穿梭。他是一位深受学生欢迎、爱戴的老师。在课堂上，他那不拘一格的教学方式、广博的知识和诗人的才情，让听课者时而沉浸在他朗声长吟的世界名作里，为他那诗一般富有文采和意趣的讲解所迷醉，时而跟着他那滔滔不绝的谈兴，离开课堂"跑野马"，或陶然于自然美景、艺术世界，或跨越时空去会晤中外文豪、书中圣哲，遨游在他那情漫四海、思接千载的诗人心境里……他的学生陈梦家曾这样形容自己的老师：

　　我们全是大海上飘浮无定的几只破帆，在蟒绿的海涛间，四下都是险恶，志摩是一座岛，是我们的船坞。

　　另一个学生何家槐，也曾深情地回忆志摩师对他学习和生活上无微不至的关怀。家槐家贫，无钱医治眼疾，拖延得很痛苦，身为师长的徐志摩比他本人还着急，不但掏腰包给学生去动手术，还叮嘱他万勿住不干净的三等病房，"钱不够尽管打电话给他"，为此"一连告诉我四次"。家槐为表感激之情，从家乡带来二三十只鲜梨送给老师，志摩竟坚辞不受，说："我没有帮你什么忙，只要你诚诚心心把我当一个老阿哥看，我就快活……"最后拗不过家槐，硬把四只大梨放回网篮里，叫他留着自己吃，一面大声地笑起来——"那又活泼，又天真，又洪亮的笑声"，永远留在了这位后来成为著名作家的学生心里。①

　　志摩的爱护青年、扶持文学新人，更表现在他的编辑工作上。他在任中华书局编辑期间，主编了《新文艺丛书》一套，出版了十四本创作集、十七本翻译集。创作集中，多为当时才崭露头角的青年作家的作品，如胡也频、丁玲、王实味等；他还为大东书局主编《新文学丛书》，收入当时也才初出茅庐的陈白尘、陈学昭等人的创作集和翻译作品多种。这两套丛书，均由受他提携的沈从文与他共同审稿编定，在当时文学圈内和广大读者中，都产生了不小的影响。

　　1930年4月，《新月》登出诗人为创办一份新的诗刊而拟的预告，这是志摩生前为推动中国新诗的发展而做的最后一件大事。他热情地邀约诗歌界的新老朋友们奉献新作，为当时趋于沉寂的诗坛"再来一次集合的工作"，其中有朱湘、闻一多、孙大雨、邵洵美、方令孺、方玮德、谢婉莹、陈梦家、卞之琳等人。志摩对一多尤其倚重，他在给梁实秋的信中说："近年新诗，多公影响最著，且尽有佳者，多公不当过于韬晦，《诗刊》始业，焉可无多"，甚至请梁转告闻诗人"多诗不到，刊即不发"。如此心悦诚服，自然感动了久不动笔的老友。1931年1月出版的《诗刊》创刊号上，登出闻一多被主编徐志摩誉之为"三年不鸣，一鸣惊人"的新作《奇迹》。同期上，志摩还在创刊词《诗刊序语》中说：

　　我们共信新诗是有前途的；同时我们知道这前途不是容易

---

①见何家槐《怀志摩先生》。

与平坦，得凭很多人共力去开拓。……诗是一个时代最不可错误的声音，由此我们可以听出民族精神的充实抑空虚，华贵抑卑琐，旺盛抑消沉。一个少年人偶尔的抒情的颤动竟许影响到人类的终古的情绪；一支不经意的歌曲，竟许可以开成千百万人热情的鲜花，绽出瑰丽的英雄的果实。……

因此我们这少数天生爱好，与希望认识诗的朋友，想斗胆在功利气息最浓重的地处与时日，谦卑的邀请国内的志同者的参加，希冀早晚可以放露一点小小的光。小，但一直的向上；小，但不是狂暴的风所能吹熄。

在新诗坛不景气，自己也在生活的"冷壁"上挣扎的时候，志摩始终坚持这源于诗人信念的"光焰向上"的努力，是十分可贵的。他在境遇坎坷、终日忙碌中，还保持着对朋友和需要帮助者的一贯热忱。

1931年初，上海发生"左联"五位青年作家被国民党当局逮捕和杀害的事件。当胡也频从狱中送出吁请知名人士营救的纸条，托沈从文转给胡适、蔡元培等师长时，徐志摩亦曾积极参加营救。他写信给南京国民党政府中的熟人，并为营救也频提供活动经费。也频牺牲后，为安全转移其爱人丁玲同怀抱中的新生儿回湖南老家，他仍冒着风险伸出援手，将一笔旅费送给假扮夫妻一道上路的沈从文和丁玲。

从韵文到散文

徐志摩借英国诗人布莱克(1757～1827)的名作《猛虎》诗题，命名自己生前出版的最后一部诗集《猛虎集》，显然是有一番用心的。且看这首出自志摩译笔、与拜伦和雪莱同时代诗人的诗作片断：

猛虎，猛虎，火焰似的烧红
在深夜的莽丛，
何等神明的巨眼或是手
能擘画你的骇人的雄厚？

在何等遥远的海底还是天顶
烧着你眼火的纯晶？
跨什么翅膀他胆敢飞腾？
凭什么手敢擒住那威棱？

是何等肩腕，是何等神通，
能雕镂你的藏府的系统？
等到你的心开始了活跳

何等震惊的手，何等震惊的脚？

布莱克所描绘的"猛虎"形象，以其"雄厚"与"威棱"召唤着能够同样"擘画"和"雕镂"它的鬼斧神工。志摩以它为集名，似乎也隐喻着诗人在激励自己和同好聚啸山林、重振诗坛雄风之意。

初版于1931年8月的《猛虎集》，收入诗人自1927年以来的33首诗。从数量看，这是他三部诗集中最薄的一本；质地上，也呈现出参差不齐甚至良莠混杂的现象。长期以来徐志摩为人所诟病的某些诗篇或诗句，多在这部诗集中，如《西窗》《秋虫》，所反映的诗人对中国革命形势发展抱有的怀疑态度和晦暗心理。此外，像《别拧我》一类近乎打情骂俏的集外之作，也反映出向中年过渡的诗人在"浪漫之恋"的失落中，滑入了感情生活无聊、琐屑的消极面。

但对这位仍旧创作出了《再别康桥》《生活》《黄鹂》《在不知名的道旁》等一系列佳作的诗人来说，以上这些只能算是他后期创作低谷中的"残叶"与"败絮"，并不能掩盖那中天过后日轮西坠前"志摩诗原"上的辉煌。作为诗人的徐志摩，终其一生都为他胸中喷放的"春光、火焰、热情"所驱使，他那断续起伏的歌声，正像他在1930年初所作名篇《黄鹂》中的描绘：

一掠颜色飞上了树。
"看，一只黄鹂！"有人说。
翘着尾尖，它不作声，

艳异照亮了浓密——
像是春光，火焰，像是热情。

等候它唱，我们静着望，
怕惊了它。但它一展翅，
冲破浓密，化一朵彩云；
它飞了，不见了，没了——
像是春光，火焰，像是热情。

志摩稀世的诗才，是为他同时代的包括左翼作家在内的许多有识之士公认的。对早期新诗有过密切关注的茅盾就说过："我觉得新诗人中间的志摩最可以注意"，"志摩是中国文坛上杰出的代表者，志摩以后的继起者未见有能并驾齐驱"。这位创作与评论大家也中肯地剖析过晚期志摩创作的局限性，他是从艺术上更加成熟的诗人却未能从大时代蜕变中深入开掘丰富题材，诗人自己也不安地感到诗作"向瘦小里耗"说起的：

……志摩诗情的枯窘和生活有关系，但决不是因为生活平凡，而是因为他对于眼前的大变动不能了解且不愿意去了解！他只认到自己从前想望中的"婴儿"永远不会出世的了，可是他却不愿承认的另一个"婴儿"已经呱呱落地了。……他对于社会的大变动抱着不可解的怀疑．而又因为他是时时刻刻不肯让绝望的重量压住他的呼吸，(所以)他要和悲观和怀疑挣扎……①

---

① 茅盾《徐志摩论》(作于1932年)。

　　茅盾还一再肯定"志摩是坦白的天真的热情的"，而且不甘于消沉和迷惘，直到生命之旅行将结束前，还在《猛虎集》序文里告白自己"复活"的指望，可惜只因"他不幸死了"，才将他未竟的一切变成了无法猜测的"谜"。

　　徐志摩不仅是二三十年代中国新诗坛上成绩卓著的大家，"新月派"诗歌的代表人物，而且在散文创作领域内，他也有相当突出的成绩。1928年8月，上海新月书店出版了他的第三本散文集《自剖》，收入《自剖》《再剖》《想飞》《迎上前去》《北戴河海滨的幻想》《我的彼得》《伤双栝老人》等重要作品，在此之前出过的两本集子中，《落叶》《我所知道的康桥》《海滩上种花》《巴黎的鳞爪》《翡冷翠山居闲话》等散文篇什，已奠定了他在"五四"以后才兴起的白话散文创作界的地位。用同是新文学阵营中散文作家周作人的话来说：

　　散文方面志摩的成就也不小。据我个人的愚见，中国散文中现有几派，适之仲甫一派的文章清新明白，长于说理讲学，好像西瓜之有口皆甜；平伯废名一派涩如青果；志摩可以与冰心女士归在一派，仿佛是鸭儿梨的样子，流丽轻脆，在白话的基础上加入古文方言欧化种种成分，使引车卖浆之徒的话进而成为一种富有表现力的文章。这就是单从文体变迁上讲也是一个很大的贡献了。

　　在早期白话文中，能避免生涩和过白而做到"流丽轻脆"显然是一种艺术表现上的长处，也是志摩散文能流传很广、受到欢迎的原因之一。他的文风对于我国现代散文语汇的形成、文体的建立，产生过积极的影响。周作人指出他是在口语基础上兼收并蓄了"古文方言欧化"等多种成分，并向"富有表现力"的美文(艺术散文)方向开拓，有"贡献"于古今"文体之变"，应该说是很有见地的。

接任徐志摩主编《新月》杂志的梁实秋，对徐志摩散文有另一番称道。他觉得诗人"最高的(文学)成就是在他的散文方面"，理由是"他的'跑野马'的文笔不但不算毛病，转觉得可爱"，而"他在诗里为格局所限不能'跑野马'，以至于不能痛痛快快的显露他的才华"。梁实秋还强调志摩的文章"永远是用心写的"，他这样介绍志摩散文能扣动读者心弦的"妙处"：

他的散文不是板起面孔来写的，——他这人根本很少有板面孔的时候。他的散文里充满了同情和幽默。他的散文没有教训的口吻，没有演讲的气味，而是像和知心朋友在谈话。无论谁，只要一读起志摩的文章，就不知不觉的非站在他的朋友的地位上不可。志摩提起笔来，毫不矜持，把他的心里话真掏出来说，把他的读者当做亲近的人。他不怕得罪读者，他不怕说寒伧话，他不避免土话，他也不避免说大话，他更尽量的讲笑话，总之，他写起文章来真是痛快淋漓，使得读者开不得口，只有点头只有微笑只有倾服的份儿！他在文章里永远不忘记他的读者，他一面说着话，一面指点你和你商量，真跟好朋友谈话一样，读志摩的文章的人，非成为他的朋友不可。他的散文就有这样的魔力！①

同徐志摩谊兼师友的梁实秋，在这段评介文字里难免有

---

①见梁实秋《谈徐志摩的散文》(发表于1932年)。

过誉之辞，但他将志摩的为人同作文相提并论，称道志摩坦诚热情、真率浓烈的散文格调中，自有其开朗真纯、善良乐观的人格魅力在，确系知人善论之言。古往今来，多少诗坛骄子一入散文王国，同样身手不凡，徐志摩是又一个成功的范例。

精通英语，深谙西洋文学，尤其是英国诗歌的徐志摩，也是翻译方面的高手。根据现存资料，他一生除创作215首新诗外，还留下翻译诗75首、诗论15篇。诗人译诗，因身入中外语言与诗歌艺术的堂奥，如有灵犀贯穿与烛照在两界之间，自有其出神入化之便利。从本章前引《猛虎》诗中也可见志摩译品之不俗。诗论同样是他所长，只是同创作相比，数量少了一些。

广义散文的领域里，志摩还留下了小说集《轮盘》，他同小曼合作的剧本《卞昆冈》，风靡一时的《爱眉小扎》和《志摩日记》，译作《曼殊斐儿小说集》和《赣第德》等。还有他同家人、中外友人的大量通信以及部分未入集的演讲稿，也成为研究他创作、思想与生平的宝贵资料和历史见证。

生离死别

  北京的朋友们关心着志摩。1930年秋后，经时任北大教务长的胡适提请，诗人被聘为北京大学教授。能离开让人"销形蚀骨"的上海，去文化学术气氛浓厚的北平教书，同老朋友们会聚，自然令志摩高兴，但小曼留恋上海滩，不愿意随夫君北上。寒假过后，1931年2月，徐志摩回到也曾是他母校的北大，任教英文系，后经老同学温源宁介绍，又在北京女子大学兼课。当时他虽辞去了南方几所学校的教职，但仍担负着上海中华书局和大东书局的编务，因此又开始了在北平、上海两地间的千里奔波，半年时间里，竟来回有八次之多。

  偌大的旧京，何处栖身？生活问题在困扰着诗人。幸好有胡适这样的"恩人"（志摩小曼通信中对胡的敬称），安排诗人在自己家住，夫妇俩对他真如家人一般。也只有在胡适这样的好友面前，志摩才多少吐露一点他同小曼之间的实情。当志摩将从上海带来的一幅小曼画的山水长卷，打开给胡博士看，并受小曼之托请他题词时，适之先生思忖片刻，写下了一段文字：

  画山要看山，画马要看马，闭门造云岚，终算不得画，小曼聪明人，莫走这条路，拼得死工夫，自成真意趣。

小曼学画不久，就作这山水大幅，功力可不小！我是不懂画的，但我对于这一道却有一点很固执的意见，写成戏语，博小曼一笑。

胡适不愧是练达又睿智的至交，这"博小曼一笑"的题词既包涵了他对小曼秀外慧中、多才好学的欣赏，也启发开导她师法自然，多出来走走，不要老呆在家"闭门造车"，而这正是志摩想要说的话。几个月来，他不知在信中反复劝她多少次，希望她振作起来，脱离那使人堕落的生活环境。他曾以"报载法界已搜烟"的悬辞向"爱眉亲亲"晓之利害，希望她痛改"积习"；为了鼓励她做点正经事，才请名家题画，以促其自强不息。他还在家书中写道："小曼奋起，谁不低头。但愿今后天佑你，体健日增。先从绘画中发见自己本真，不朽事业，端在人为……此后务须做到一毅字，拙夫不才，期相共勉。"挚爱深情，跃然纸上。

然而，此时的小曼顽石一样不为所动，照旧吞云吐雾、挥霍享受，致使终日奔忙的志摩在经济上捉襟见肘，债台高筑，为了生计，不得不放下诗人和教授的架子，竟做起房产中介的生意来。1931年6月25日的家书中，志摩向"眉眉至爱"埋怨道：

……人家都是团圆的了。淑华已得了伯通，徽因也有了思成，别的人更不必说。常年日不分离的就是你我，一南一北你说我甘愿离南，我说你不肯随我北来。结果大家都不得痛快。但要彼此迁就的话，我已在上海迁就了这多年，再下去实在太

危险，所以不得不猛省。我是无法勉强你的，我要你来，你不
肯来，我有甚法想？明知勉强的事是不彻底的，所以看情形，
恐怕只能各行其是。

　　哪知"眉眉"看了这信，便怒气大生。她的不肯北上，
除了沉湎于洋场生活，还因为她视旧京为畏途和伤心地，当
年婚变风波中给她的种种打击太深了；而志摩最近在那里的
"传闻"，也有些招她生疑。为了赌气，这任性惯了的小女
子更加铁了心。

　　传闻是由志摩与林徽因的见面引起的。徽因于1928年同
梁思成在美学成回国，此时正在北平的中国营造学社任职。
自去年发现患肺结核病后，徽因常住香山疗养，志摩亦曾去
看望她，并为他主编的《诗刊》向她约稿。已经做了母亲的
徽因，比起多年前那个难忘的春夜里与志摩分手的妙龄少女
来，"风度无改，涡媚犹圆"，更增添了成熟的丰华，即便
被治病的日光浴晒黑了肤色，也漂亮如"印度美人"；而她
特有的那种由天性与修养培植出来的气质、谈吐与才情，更
是磁石般地吸引着所有见过她的人，当然也曾令志摩倾倒。
但岁月已淘洗了忧伤与激情，两人的重逢从1929年初为梁任
公办丧事时就开始了。已成建筑工程师的徽因仍向往着志摩
所从事的文艺工作，志摩则像兄长一样关心着徽因的家庭与
健康，也与梁思成保持着很好的友谊。他们短暂的相会自然
是愉快的。两颗曾经接近过的矜持又热烈的心，在别离多年
后，是否又有过《偶然》中所说的那种因命运的邂逅而擦出
"互放的光亮"呢？从林徽因以"尺棰"的笔名发表于1931

年4月《诗刊》第二期上的诗《那一晚》里，我们也许能看到一点迹象：

那一晚我的船推出了河心，
澄蓝的天上托着密密的星。
那一晚你的手牵着我的手，
迷惘的星夜封锁起重愁。
那一晚你和我分定了方向，
两人各认取生活的模样。
到如今我的船仍然在海面飘，
细弱的桅杆常在风涛里摇。
到如今太阳只在我背后徘徊，
层层的阴影留守在我周围。
到如今我还记着那一晚的天，
星光、眼泪、白茫茫的江边！
到如今我还想念你岸上的耕种：
红花儿黄花儿朵朵的生动。

哪一天我希望要走到了顶层，
蜜一般酿出那记忆的滋润。
哪一天我要跨上带羽翼的箭，
望着你花园里射一个满弦。
哪一天你要听到鸟般的歌唱，
那便是我静候着你的赞赏。
哪一天你要看到零乱的花影，

那便是我私闯入当年的边境!

　　这首曾在漫长岁月里散佚的珍贵诗篇，直到女作家去世后数十年才被发现。[1]那如"零乱花影"般缱绻在诗行间的缠绵思绪，似乎也在诉说着被当事人隐现在彼此心中和时间深处的那份美好情缘。

　　而对当年的徐志摩来说，"1931"真可谓一个十足的"凶年"。那一年的大洪水曾给国人留下惨怖的记忆，由于大水而阻滞的交通和邮路也常常耽误诗人的行期和信件，使得他那颗早就因与小曼南北分居而悬空的心，更加焦虑不安。生活的重压，债务的缠身，感情的纠葛，更逼迫得他喘不过气转不过身来，只是在光阴荏苒和神思恍惚中，沿着那冰冷无情的铁道，一个劲地狂奔。被认为是诗人生前最后一份诗稿的《火车擒住轨》，令人心悸地表现出了一种人生无定、世道险阻的游离与紧张感：

　　火车擒住轨，在黑夜里奔：
　　过山，过水，过陈死人的坟；
　　过桥，听钢骨牛喘似的叫，
　　过荒野，过门户破烂的庙，
　　过池塘，群蛙在黑水里打鼓，
　　过噤口的村庄，不见一粒火；
　　过冰清的小站，上下没有客，

①参见《中国现代作家选集：林徽因》一书(人民文学出版社1992年版)。

月台袒露着肚子，像是罪恶。

这时车的呻吟惊醒了天上
三两个星，躲在云里张望：
那是干什么的，他们在疑问，
大凉夜不歇着，直闹又是哼，
长虫似的一条，呼吸是火焰，
一死儿往暗里闯，不顾危险，
就凭那精窄的两道，算是轨，
驮着这份重，梦一般的累坠。
……

　　生活的厄运，也真像这"长虫似的一条，呼吸是火焰"的火车，不停地来碾压诗人的心。这一年的清明节前，母亲病重告急，志摩赶回硖石侍奉老人家直到临终。一生中最疼爱他的慈母走了，阵阵撕心绞肠的哀痛袭来。不料，偏又在这时触发了潜伏已久的家庭危机。
　　原来，小曼早就想同志摩一起回来服侍婆母以表孝心，但志摩担心对儿媳一贯不满的父亲，会给她冷漠和难堪，便说回家问问再说，果然征求意见的结果是不答应。现在老人归天了，小曼不顾一切地赶来硖石奔丧。态度顽固的申如公竟对儿子说："她来，我就走！"并叫家人将儿媳安排在旅舍里住下，气得小曼又折回上海去，而这时张幼仪却被徐申如急电催来。如此偏心眼的做法，令平日懦顺的志摩也忍耐不住了，终于在大殓前的晚上，与父亲顶撞了几句。申如公

见儿子竟敢"不孝",抚着亡妻灵柩,老泪纵横地放声大哭了一场,仿佛要把许多年来在教子成才、娶亲和持家上所积下的苦心与怨愤,一股脑儿发泄出来似的。殊不知这样一闹也伤透了志摩的自尊,他觉得父亲的无理也是冲着他来的,对老家最后的依恋、对父亲一辈子的感念之情,在这次"父子反目"的纠纷里几乎断了线。

祸不单行。嫌"擒住轨"狂奔的火车还不够快,更为了图省钱,好摆脱负债人肩头"驮着(的)这份重",早就"想飞"的诗人接受了航空公司一位朋友赠送的免费机票,来去更自由了。乘不花钱的飞机,是志摩求之不得的赏心乐事。他曾有过"凌空御风"的体验,作于1926年的散文《想飞》简直就是一首从心灵的翅膀上生长出来的"飞行者之歌":

人类最大的使命,是制造翅膀;最大的成功是飞!理想的极度,想像的止境,从人到神!诗是翅膀上出世的;哲理是在空中盘旋的。飞:超脱一切,笼盖一切,扫荡一切,吞吐一切。

从"飞行"的意义上讲,1931年也可以说是《猛虎集》作者"如虎添翼"的一年,但他哪里知道,就在这穿山越水、看似逍遥的蓝天航程上,那个最为世人所惧怕的瘦骨嶙峋、蒙面荷锄的噩运之神,已经为他挖下了一穴被包裹在袅袅云絮和风雨雷电中的"陈死人的坟"!

那是中国新诗史上一个黑色的日子,1931年11月19日。

在这前一天的晚上，徐志摩还在南京老友张歆海的家里谈笑风生。他是18日坐早班火车离沪来宁的。在上海家中住了几天，还为什么事跟小曼争吵了一回，此时气早已消了。他与歆海是多年至交，跟他的夫人韩湘眉、女儿小易安、被他唤做"小傻子"的二小子，还有猫咪"法国王"都混得挺熟，简直就像在自己家一样随便，因此心情特别愉快。

这是一个老朋友欢聚的夜晚。志摩白天访问未遇的杨杏佛，得知他在张家也来看他。大伙发现一个星期前刚由北平南下时也见过面的志摩，竟神速地胖了不少，长脸都变圆了，便说他一定是在家做了"乖孩子"吃饱睡足的缘故。志摩还"谦虚"地辩解说："哪里，说起我又该挨骂了，我这一星期平均每夜只睡不到五个钟头。"

深秋的南京天气已冷，歆海家升起火炉。志摩感到屋里热，将长袍脱了下来。大伙又注意到平时衣冠楚楚的他，竟穿了条又短又小的西装裤子，腰间还有个未缝补的破洞。潇洒的诗人不知怎的竟将腰带弄丢了，吊着两管裤脚转着身子，东张西望地找寻，样子十分滑稽，引得众人大笑。他又辩解说，临行仓促，不管好歹抓来穿上的。

话题转到看手相上，志摩说他会看，大伙便伸出手来给他瞧。他指着一条条纵横的掌纹讲解：那是主智力，那是主体气，那是主生命的。湘眉看了看志摩的"生命线"，吃惊似的说了一句："嗬，你的生命线真长！"

说完后，湘眉又忽有所感，用英语问志摩："明天上飞机会出事吗？"

"你怕我摔死？"诗人笑着说。

"志摩！正经话，总是当心点好。"湘眉又问，"司机是中国人还是外国人？"

　　"不知道！没有关系，I always want to fly(我一向要飞的)。"还是若无其事的口气，因为那几日天气晴好，能有什么问题呢。

　　但湘眉还是以她女性的细心，又问了一声："你这次坐飞机。小曼没说什么吗？"

　　志摩"连笑带皮"地回答："她呀，她说我若坐飞机死了，她就做Merry widow(风流寡妇)。"

　　坐在一旁的杨杏佛接过话茬，也冒出一句英语：

　　"All widows are merry(凡寡妇者皆风流)。"

　　这一句，可招来了哄堂大笑。

　　志摩生怕耽误第二天的飞行，当晚没有像往常那样在张家留宿，而是去靠近飞机场的一位朋友家过夜。他是同杨杏佛一起出门的，握手话别时，每次都要他向北平友人问好致意的韩湘眉，这次竟忘了说这类话。当时湘眉在她家门口还说了这样一句送别词：

　　"杏佛常来，志摩是不(常)来的了！"据杨杏佛后来回忆，这第二个不可少的"常"字竟被她漏掉了，但当时他们没有感觉，也不以为怪。

　　志摩还是像往常一样从容，临别的那一刻，他转过头来，极温柔的，兄长似的，轻吻了女主人的左颊，便随同关上车门的轿车匆匆开去，永远消失在秋风飒飒的寒夜街头了。①

————————

①参见韩湘眉《志摩最后的一夜》。

曲终情未了

　　徐志摩急着在11月19日当天赶回北平，是为了那晚林徽因要在协和小礼堂为外国使节演讲中国建筑艺术，他曾答应徽因出席她的报告会。然而，徽因派出的车子赶到南苑机场，久等不见诗人的身影，直到第二天清早才得知出事的确信。20日北平《晨报》上，也登出了同样的消息：

京平北上机肇祸
昨在济南坠落
机身全焚，乘客司机均烧死
天雨雾大误触开山

(济南19日专电)19日午后2时，中国航空公司飞机由京飞平，飞行至济南党家庄，因天雨雾大，误触开山山头，当即坠落山下。本记者亲往调查，见机身全焚毁，仅余空架，乘客一人，司机二人，全被烧死，血肉焦黑，莫可辨认。邮政被焚后，邮票灰仿佛可见，惨状不忍睹……

　　"志摩死了！"——诗人的早殇，如深秋里的一声闷雷，震动了年轻的中国新诗坛，冲击着无数颗喜爱他、理解他、同情和尊重他的朋友与读者的心。正像他的朋友们在回忆他时说过的那样，像志摩这样的人在中国"不是太多而是太少了"，他是"人人的朋友"，一个永远乐观、理想主义地对待人生的"大孩子"，一个执著于爱、自由和美的"单纯信仰"的热情讴歌者……我们在本书开篇《云游》章里，曾叙过当年国内文化界追悼和纪念诗人的一些情况。这里再就志摩生平、创作和思想情感的发展脉络，将同他关系密切的若干人和事，做一番补充交代。

在古城北平，噩耗传出的当天，志摩的同事与朋友们都不约而同地会集到胡适家，因为这里是志摩的最后居处，胡适也是他最信赖的朋友。比起众人的震惊和哀痛来，对志摩帮助和影响最大的胡适，对他亦有更多的理解与同情。胡适怀着深情厚谊，很快写出《追悼志摩》这篇名文。文章中高度评价诗人"为人整个只是一团同情心、一团爱"的难能可贵，赞扬他为了"爱、自由、美"这"三位一体"而敢于牺牲一切的勇气，还称道他不绝望、不低头、不怨恨的坚持与大度。胡适这样解释志摩后期生活中因"单纯信仰"碰壁而给他带来厄运的"失败"：

他的失败是一个单纯的理想主义者的失败。

他的追求使我们惭愧，因为我们的信心太小了，从不敢梦想他的梦想。他的失败，也应该使我们对他表示更深厚的恭敬与同情，因为偌大的世界之中，只有他有这信心，冒了绝大的危险，费了无数的麻烦，牺牲了一切平凡的安逸，牺牲了家庭的亲谊和人间的名誉，去追求，去试验一个"梦想之神圣境界"，而终于免不了惨酷的失败，也不完全是他人生观的失败，他的失败是因为他的信仰太单纯了，而这个现实世界太复杂了，他的单纯的信仰禁不起这个现实世界的摧毁；正如易卜生的诗剧 *Brand* 里那个理想主义者，抱着他的理想，在人间到处碰钉子，碰得焦头烂额，失败而死。

　　胡博士的这番话里，不无对亡友的宽宥、过誉之辞，也缺少更具体深入的分析，但仍不失其公正与平和。可以说，这是他作为知音知己和同道者，对二三十年代中国像志摩这样的"自由知识分子"所遭遇不幸的一曲真诚又无奈何的挽歌。难怪做过胡适学生、臧否人物最不留情面的台湾文坛"狂人"李敖说，在胡先生所有的散文文字里，就数这篇《追悼志摩》做得最好。

　　因志摩的死而不能自持的林徽因，在纪念、追悼志摩的活动中，提出在文学界设立"志摩奖金"的倡议。目的在于继承他"鼓励人家努力诗文的素志"，象征他"对于文艺创造拥护的热心，使不及认得你的青年人永远对你保存着亲热"——这是林徽因在纪念志摩文章中的原话，真实地反映了她对志摩富于创造激情和鼓舞热忱的人格力量的推崇。志摩死后的两周里，徽因即为北平《晨报》写了长文《悼志摩》，从早年和近期的许多接触里，为读者生动地描绘出了一个执著于"不可信的纯净的天真，对他理想的愚诚，对艺术欣赏的认真，体会情感的切实，全是难能可贵到极点"的诗人。她沉痛地说："我们失掉的不止是一个朋友，一个诗人，我们丢掉的是个极难得可爱的人格。"在"新月"同人中，像她这样细致入微地洞察诗人灵魂深处的，恐怕也是"极难得"的，甚至是绝无仅有的一个。

1934年11月，徽因同思成一行应邀前往浙江考察，当火车经过志摩家乡硖石的时候，在车厢里谈兴正浓的徽因突然止住话头，披衣走到车厢出口处。她一声不吭地凝望苍茫暮色中古镇远山的那一片伤心的碧绿，仿佛从那里长吟似的传来了她熟悉的诗句：

> 火车擒住轨，在黑夜里奔：
> 过山，过水，过陈死人的坟……

顿时，滚滚热泪涌出那双凝望的秀目，落满了她的衣襟："志摩已离开人世整三年了！"——这位情感丰富、风华盖世的才女再也忍不住内心里多年的郁积与哀恸了，仿佛只有这一刻才显露出她冷静外表下的纤弱与悲情。又过了一年，正当志摩遇难四周年的忌日，《大公报》的文艺副刊上，发表了徽因撰写的第二篇怀念志摩的长文。她在文中也提到车过硖石的一幕，并为自己的软弱请求忆中人的"原谅"。

对于徽因来说，志摩是永远活着的，因为她卧室内一直居中挂着那块从白马山上捡回的焦木片。我们甚至可以设想：渴望过"要走到顶层，蜜一般酿出那记忆的滋润"，渴望过"要跨上带羽翼的箭，望着你花园里射一个满弦"的女诗人林徽因，在终于赢得她生命中最辉煌的"那一天"——从1949年底到1951年初，她参与了新生的共和国国徽和人民英雄纪念碑的设计工作，在壮丽的新中国大厦上留下了她最美丽的才思与指纹——她曾在诗作《那一天》中说"静候着你的赞赏"，不知在这样的时刻，她是否想到了那在冥冥中也许仍在聆听她、眺望她、给她以鼓舞与激励的诗魂？

答案应该是肯定的。我们还可以引用徽因写于1932年的抒情诗名作《别丢掉》：

> 别丢掉
> 这一把过往的热情
> 现在流水似的，
> 轻轻
> 在幽冷的山泉底，
> 在黑夜，在松林，
> 叹息似的渺茫，
> 你仍要保存着那真！
> 一样是月明，
> 一样是隔山灯火，
> 满天的星，
> 只使人不见，
> 梦似的挂起，
> 你向黑夜要回
> 那一句话——你仍得相信
> 山谷中留着
> 有那回音！

那"满天的星，只使人不见，梦似的挂起"的句子，同样牵动着读者的想像。此外，徽因生前亦曾透露，她身边保存着志摩的两本英文日记。可惜的是徽因盘桓病榻多年后，于1955年去世，享年仅51岁，没有给后人留下更多的文字说明，连那两本英文日记也成了遍找不着的"悬案"。[①]

1992年，北京人民文学出版社，出版了女作家林徽因的第一部文学作品集。

当志摩空难的消息传到硖石老家，受打击最重的莫过于花甲之年的申如公了。据说，这位徐家老父亲，只喃喃地说了一句话："完了！完了……"就瘫在椅子上了。

他无法想像他三十四年的努力毁于一旦，他毕生的希望和寄托全部落空。他后悔——爱子之心不能不使他醒悟清明节后大丧期间自己的不是。虽然徐家对小曼的态度到志摩死后也没有改变，但在徐申如心中与志摩的疙瘩早已释然。妻子才走，又失独子，白发送黑发，老人强忍着悲痛，为亡儿写下一副挽联：

> 考史诗所载，沉湘捉月，文人横死，各有伤心，
> 尔本超然，岂期邂逅罡风，亦遭惨劫；
> 自襁褓以来，求学从师，夫妇保持，最怜独子，
> 母今逝矣，忍使凄凉老父，重赋招魂。

勤勉一生、名闻乡里的这位民族资本家，一心想让独子

---

①参见陈从周《记徐志摩》(1981年作，原载《新文学史料》1981年第4期)

继承自己的事业，发家致富，光宗耀祖；没想到这聪明过人、才情焕发的孩子却义无反顾地走上了另一条道。平心而论，申如公是成就了志摩事业的"供养人"，志摩早年的游学、交往以及他与"新月"同人的活动中，都有他父亲的一份"赞助"。相对于两代人的不同背景来说，徐申如在许多方面都是开明的，就是在这副挽联中也表现了他对儿子文学活动的理解与认可；想必志摩泉下有知也会与父亲"和好"的。十二年后，古稀之龄的申如公归天，与亡妻、爱子、次孙德生同葬东山万石窝，一家人又团聚了。

志摩去世前，前妻张幼仪已在上海发展事业，管理银行，开办服装公司，生意做得很红火，自强不息的她，结合了新旧时代女性的优点。志摩死后，她让儿子积锴(阿欢)随舅舅去济南接灵柩，自己留守准备料理丧事。灵柩抬回后，有人说志摩遗体穿的寿衣不合式，应该重殓。幼仪坚决反对，悲叹着说：

"该让他安息了，他受的惊扰也太多了。"

其实在她心底，一直抱着等待"浪子回头"的奢望，这也是她与志摩离异后保持来往与友好的动因之一。然而残酷的事实，击碎了这个坚强女子的梦。在这以后的许多年里，她仍旧孑然一身，抚孤奉亲，奋斗于社会，又默默地度过了二十多个漫长的春秋。直到1953年，在美国留学的儿子积锴已成家立业，完成了一生重任的张幼仪才开始考虑个人的"自由"和今后的生活安排，准备与多年来照顾她的同乡邻居、中医师苏季子结婚。五十多岁的幼仪，写信给远在美国的儿子征求意见：

"尔在美国，我在香港，相隔万里，晨昏谁奉？母拟出嫁，儿意云何？"

　　积错飞书答母：

　　"……孀居守节，逾三十年，生我抚我，鞠我育我，劬劳之恩，昊天罔极。……昔日苦多，来日苦少，综母生平，殊少欢愉，母职已尽，母心宜慰，谁慰母氏？谁伴母氏？母如得人，儿请父事。"

　　在五十年代的香港，这两封母子家书和幼仪中年再嫁的故事，被人们传为美谈。后来，老人移居美国与儿孙团聚，颐享天年。七八十年代之交，她曾在纽约寓所会见从大陆来访的表弟陈从周，才得知从周所编《徐志摩年谱》早于1947年出版。此书中有许多她当年所提供的资料，且在海内外已产生不小的影响。耄耋之年的幼仪女士，露出了欣慰的笑容。

　　诗人的遗属中，陆小曼的命运最坎坷、最凄凉，也最发人深省。志摩死讯传到上海家中的时候，猝不及防的她，先是愕然、木然，几乎失去了表情和思维的能力，继而才是呼天抢地、摧肝裂胆的嚎啕大哭。

　　小曼太伤心了！这巨大的伤痛，既为了失去她"最亲爱的摩"——那样一个深爱着她、温存体贴她、为她操心劳碌的丈夫，那样一个愿意为了与她的"浪漫之恋"和终身之约而奋不顾身、奔波到死的爱人，那样一个永远充满了志趣与情意、有无尽的乐观和幻想的歌者！天穹下到哪里再去寻找这样理想的人生伴侣呢？这刻骨的伤痛里，当然也包涵了浑噩无知已久的她被"志摩之死"这惊天霹雳所唤醒的一切：无限的悔恨，揪心的自惭，幡然改过和知恩图报的决心——这是她要用今后一生的代价，去赎取和品尝的"人生之苦果"了。

多病又倔犟的小曼，在志摩死后，逐步戒掉了鸦片烟，改变了原先的生活方式。她几乎同徐家断绝了往来，连徐申如答应每月付给她200元生活费、由胡适等人作证的笔据也不要了。据说，她同翁瑞午还继续了很长时间的关系，但未下嫁给他，始终保持"徐志摩夫人"的名分。1933年清明节，她去硖石为志摩扫墓，作诗抒怀：

肠断人琴感未销，此心久已寄云峤；
年来更识荒寒味，写到湖山总寂寥。

这"荒寒"与"寂寥"之感伴她度过漫长岁月，支撑她活下去的最大愿望，便是"遗文编就答君心"。在志摩学生赵家璧的帮助下，她多方搜寻志摩生前留下的文稿，终于在抗战前夕编好了十本志摩全集稿，交与商务印书馆准备出版并签订了合同。没几天，"八一三"淞沪之战爆发，炮弹在自家屋顶上飞来飞去，小曼担心的不是性命，而是志摩全集能否出版。一连三个月病卧在床，等病好去商务打听，人家正准备搬迁，已谈不上出书了，只是安慰她待安定后再出。前途一片渺茫。

就这样，小曼盼星星，盼月亮，熬过了八年抗战。当商务印书馆迁回上海，她满怀希望地去联系，等待她的竟是她辛苦编定的十本文稿不见了：可能在香港，也可能在重庆。办事人既说不清楚又互相推诿，急得小曼要发疯。

后来听说志摩的老友朱经农当上了"商务"经理，请他帮忙才查出书稿在香港，算是有了一点安慰，这时已是1948年。

再等下去，便是新中国成立了。盘桓病榻一年多的小曼，忐忑不安地等待着。1954年春天，迁到北京的"商务"给小曼来信，说志摩全集稿已找到，因为"不合时代性"现在不能出版，只好取消合同，原稿将退还。有了这样的消息，小曼已经很满意且衷心感激了，她相信"还是共产党好，不会埋没任何一种有代表性的文艺作品的"，今后还会有希望。果然，两年后"百花齐放"的文艺方针提出，出版部门通知她要出志摩"诗选"，按捺不住心头狂喜的小曼记下了她收编遗稿的经过，并回忆起志摩的往事：

　　说起来，志摩真是一个不大幸运的青年，自我认识他之后，我就没有看到他真正快乐过多少时候。那时候他不满现实，他也是个爱国的青年，可是看到周围种种黑暗的情况(在他许多散文中可以看到他当时的性情)，他就一切不问不闻，专门沉浸在爱情里，他想在恋爱中寻找真正的快乐。说起来也怪惨的，他所寻找了许多时候的"理想的快乐"也只不过像昙花一现，在短短的一个时期中就消灭了。这是时代和环境造成的，我同他遭受了同样的命运。①

————————————

①陆小曼《遗文编就答君心》(作于1957年)。

这是一段有关徐志摩"单纯信仰"的朴素、真实而又沉重的注脚，其间，也包涵了陆小曼经过岁月磨难和新旧社会对比之后的领悟与反思。

然而，小曼的高兴还是太早了，出版志摩诗选的诺言并未兑现，直到她于1965年病故(终年63岁)，她的心愿仍是一片空白。对徐志摩作品的重新认识，他的选集、全集的出版，是在经过了一场中国社会和文化的空前浩劫，拨乱反正和改革开放的年代里，才变成了事实的。这中间当然记载着陆小曼的一份功劳，由她主编的《徐志摩全集》1983年由香港商务印书馆初版，在这之前和之后，有关志摩作品、评论和生平传记的各种书刊，已真如"百花齐放"似的纷纷问世，成为深受广大读者欢迎与喜爱的畅销读物。

诗人徐志摩留在中国新文学史上的并非孤傲的"绝响"，而是属于全社会和民族文化的财富，正如他本人曾被誉为"人人的朋友"一样。无视他那一路的诗歌之美与散文风调，贬抑他人格魅力与理想色彩的年代已经过去了。他潇洒、年轻的面影和洋溢着热情与才华的歌唱，永远是缪斯与青春王国里一道迷人的风景。说他是"新月下的夜莺"也好，"春光里的黄鹂"也好，还是"啼血的杜鹃"、"被刺破心胸的荆棘鸟"，都不为过。在他去世的第二年，人们为纪念他出版了他的第四本诗集《云游》。诗集中的第一篇是诗人写于1931年7月的《献词》，入集时被陈梦家改题为《云游》。全诗如下：

那天你翩翩的在空际云游，
自在，轻盈，你本不想停留
在天的哪方或地的哪角，
你的愉快是无拦阻的逍遥。

你更不经意在卑微的地面
有一流涧水，虽则你的明艳
在过路时占染了他的空灵，
使他惊醒，将你的倩影抱紧。

他抱紧的只是绵密的忧愁，
因为美不能在风光中静止；
他要，你已飞渡万重的山头，
去更阔大的湖海投射影子！

他在为你消瘦，那一涧流水，
在无能的盼望，盼望你飞回！

　　这首如弦乐般优美、飘逸的十四行诗，被改题为《云游》显然是为了它那"翩翩的在空际"的象征寓意。但只要我们仔细揣摩一下，诗人自题《献词》显然有他更深的含义。那么，诗人要将这样一首充满了他"绵密的忧愁"和"你的愉快是无拦阻的逍遥"之思的衷曲"献"给谁呢？是现实生活中的"你"吗？还是他心中的理想之爱和"美的信仰"？

　　诗人没有也不可能给我们更多的回答，他要说的全都写在诗里了。正像有一位当代作家说过"诗是诗人的最后居所"那样，写于志摩最后岁月的抒情诗《献词》非同寻常地提炼和升华了诗人的至爱与深情，涵盖着他毕生的渴望、思念与憧憬。如果有一首诗能够"破译"诗人最后的心声，甚至"解构"他一生的行止与创作，恐怕没有比这首《献词》更值得后人特别注意的了。

　　就让我们沿着这些匀称、和谐又灵动的优美诗行，犹如攀登石阶、回溯流水似的聆听、审度和寻觅吧！你会发现：那"不能在风光中静止"而无所不在的"美"，那以"倩影"使"他"惊醒、渴望"抱紧"并为之"消瘦"的"你"，有着御风飞行的"轻盈"，更有不避"卑微的地面"而与流水相映的"明艳"——这如此超凡脱俗又散发着人间气息的抒情偶像，不正是诗人的《献词》所要赠予和礼赞的吗？对一个诗人来说，还有什么比这更使他迷醉，更让他全身心为之向往的呢？

　　是的，诗人最后的歌唱是献给她的。她，就是志摩心目中的诗歌女神，他一生情爱、理想和命运的星座。对于志摩来说，她就是像火焰，像春光，像热情，飘逸和闪烁在他心头的一弯美丽的新月。